农村实用人才带头人培训教材

大学生村官实用指导

农村实用人才带头人培训教材
编审指导委员会组织编写

中国农业大学出版社
·北京·

图书在版编目(CIP)数据

大学生村官实用指导/农村实用人才带头人培训教材编审指导委员会组织编写. —北京：中国农业大学出版社，2009.5

ISBN 978-7-81117-657-5

Ⅰ.大…　Ⅱ.农…　Ⅲ.农村-工作-基本知识-中国　Ⅳ.F325.4

中国版本图书馆 CIP 数据核字(2008)第 208289 号

书　　名　大学生村官实用指导

作　　者　农村实用人才带头人培训教材编审指导委员会组织编写

策划编辑　汪春林　高　欣　　**责任编辑**　杨建民　王学艳

封面设计　郑　川　　**责任校对**　王晓凤　陈　莹

出版发行　中国农业大学出版社

社　　址　北京市海淀区圆明园西路 2 号　　**邮政编码**　100193

经　　销　新华书店

印　　刷　涿州市星河印刷有限公司

版　　次　2010 年 9 月第 1 版　　2010 年 9 月第 1 次印刷

规　　格　850×1 168　32 开本　7 印张　126 千字

印　　数　1～5 000

定　　价　10.00 元

凡本版教材出现印刷、装订错误，请向中央农业广播电视学校教材处调换

联系地址：北京市朝阳区麦子店街 20 号；电话：010-59194429；邮编 100125

网址：www. ngx. net. cn

编审人员名单

主　编　马俊哲

副主编　王秀清　周　晖　李连端

编　写　马俊哲　王秀清　李　凌　李连瑞

　　　　李香允　周　晖

审　稿　吕文林　王青立　朱闻军　陈肖安

序

人才问题是关系党和国家事业发展的关键问题。在全面建设小康社会的关键时期，中央颁布了我国第一个中长期人才发展规划纲要——《国家中长期人才发展规划纲要（2010—2020年）》，召开了全国人才工作会议，对加快建设人才强国作出全面部署，为实现全面建设小康社会宏伟目标提供强有力的人才支撑。农业农村人才是我国人才队伍的重要组成部分，是强农的根本。30多年波澜壮阔的农村改革，极大地解放和发展了农村生产力，极大地改善了广大农民的物质文化生活，极大地改变了农村的面貌。但目前，我国农业劳动者文化素质仍然相对较低，农村人才仍然相对缺乏，成为转变农业发展方式、发展现代农业和建设社会主义新农村的瓶颈。夯实农业基础、加快农村发展、促进农民增收、缩小城乡差距，关键在人才。必须加强农业农村人才队伍建设，全面提高劳动者素质，为发展现代农业提供坚实基础，为建设社会主义新农村提供重要依靠。

选聘高校毕业生到村任职，是党中央作出的一项重要决策，对于改善农村基层人才队伍结构、培养新农村建设骨干力量和党政干部后备人才，推进新形势下农村改革发展，夯实党在农村的执政基础，都具有深远意义。胡锦涛总书记强调，要引导和鼓励更多高校毕业生到西部、到基层、到祖国最需要的地方去，磨练意志，增长才干，为实现全面建设小康社会宏伟目标贡献自己的智慧和力量。近年来，大批优秀大学生响应号召，投身到农村基层和农业一线工作，既给农民带去了新理念、新知识、新技术，为发展现代农业和建设社会主义新农村作出了积极贡献；自己也经受了锻炼，丰富了人生，开阔了视野，增长了才干。生动实践表明，把个人成长同国家的发展连在一起，坚定地走同生产实践相结合、同人民群众相结合之路，是当代青年知识分子健康成长的有效途径；自觉到农村基层、到艰苦行业、到国家最需要的地方去经受锻炼，是青年知识分子成就理想、开创未来的正确选择。那些走在前面的大学生"村官"和支援农村科技、教育、卫生的大学生们，已经为我们趟出了路子，做出了样子。各级农业部门应当欢迎和支持他们去。

为了帮助大学毕业生尽快适应农村生活、做好农村工作，我们组织专家编写了《大学生村官实用指导》一书，希望对到农村工作的大学生学习相关知识、掌握做好农村基层工作的基本方法、增强带领农民致富奔小康的本领有所助益。

韩长赋

2010 年 9 月

目　录

一、主动认识农村，投身农村建设

大学毕业生到农村工作，光有热情是远远不够的。要做好农村工作，首先要了解农村、认识农村，这样才能融入农村，才能在建设社会主义新农村中发挥积极作用。

（一）农村工作的特点

尽管全国各地农村的具体情况多种多样，但农村工作有许多相同的特点，概括起来，主要有以下几个方面：

①广泛性。农村工作不单纯是农业工作，还包括第二产业、第三产业；也不单纯是经济工作，还包括农村文化教育、基础设施建设、计划生育、青年工作、民兵工作、妇女工作、民事纠纷调解、思想政治保障、党的建设等多方面。一个村就是一个小社会，所以农村工作的内容十分广泛、十分丰富，包含经济社会活动的方方面面，是经济、文化、社会、政治和党的建设“五位一体”的工作。

②原则性。农村工作必须贯彻党在农村的路线、方针、政策，必须执行国家法律法规，积极组织引导村民搞好依法自治。因此，农村工作有很强的原则性。根据这一特点，要真正搞好工作，就需要在以下几个方面不断提高自身素质：一是要有一定的政治理论水平和实践党

的创新理论的能力；二是要有一定的党纪、法规和政策水平；三是要在工作中积极地宣传政策，执行政策，把政策交给群众，使群众知道为什么要这样做，而不能那样做。

③复杂性。农村工作是社会活动相当广泛的工作，它涉及农村的家家户户，涉及社会最基层的每一个成员。有些工作需要把大家集中起来，充分发挥集体的作用；有时几项工作必须在同一时期完成，彼此之间需要统筹安排，互相照应。此外，干部的工作作风也会直接或间接地作用于农村工作。

④特殊性。农村工作涉及"三农"（农业、农村、农民）的方方面面。各地农村的农业基础条件、自然资源、村民素质、工作基础等情况千差万别，甚至邻近两个村的情况也大不一样。因而，一项工作的同一种做法，在一个村成效显著，而在另一个村则可能效果不佳。从经济基础看，我国有的村已进入现代化社会，而有的还相当落后，甚至处于贫困状态。从村民素质看，受教育程度、道德水准和文明礼仪也各不相同。所以，各个村的工作都具有自身的特殊性，需要因地因时因事制宜，不可照抄照搬。

⑤自治性。我国对农村实行村民依法自治，农村工作必须相信群众，依靠群众。这就需要充分尊重农民的意愿，充分调动农民的积极性、主动性和创造性，奠定开展各项工作的群众基础。

⑥季节性。农村的基础产业是农业，而农业生产具

有季节性和周期性的特征，因此农村工作表现出鲜明的季节性特点。如果对农村出现的问题不能及时解决，就容易贻误农时，造成重大损失。因此，对于农村出现的急需解决的问题，必须在工作中快速或限期解决，以免造成无可挽回的损失。

⑦灵活性。毛泽东同志说过：没有区别，就没有政策。农村工作多种多样，非常繁锁复杂，这就更加需要在工作中调查研究，采取实事求是的态度，运用“具体问题具体分析”的方法分析问题，解决矛盾。

⑧艰巨性。目前，我国农村处于新的历史发展时期。在建设社会主义新农村的进程中，存在着时代的先进性要求和农民素质相对落后等多方面的矛盾和问题，而农村工作又要由过去主要依靠行政手段推进转变为运用依法行政和村民自治的手段来推进，因此，当前农村工作十分艰巨。

有人对农村工作的特点概括得更为简洁：一是农村工作头绪繁多。农村工作千头万绪，俗话说：“上边千条线，下边一根针。”因此，做好农村工作也像弹钢琴一样，要统筹兼顾、适当安排，大到国家政策在农村的落实、农民增收、招商引资、计划生育、社会稳定，样样都要抓；小到邻里纠纷、家庭矛盾的调处等等，样样都得管。二是农民情绪复杂多变。当前农村社会公平公正、贫富差距、新农村建设等，都易引发群众情绪的波动。广大农民在享受改革成果的同时，对文明的渴望、对小康的渴望、对社会安宁的渴望表现得十分强烈。在改革与发展过程中，为维护自身利益，与干部的利益冲突等时有发生，表现形式多种多样。三是改革、发展与稳定时有碰撞。要发展，就必然牵动各方利益，在改革过程中政府部门与群众的矛盾不时出现，农村工作既要对上负责将工作做好，又要对下负责让农民认可和接受，要干事、干成事、干好事，确实要下一番功夫。四是农村工作最讲求真务实。作为最基层的农村工作者，就是要扎实为群众做实事，造福群众。党群之间和干群之间关系如何，对农村基层的工作者要求最直接、压力最明显。因此，大学生村官要做好充分的思想准备，积极面对，勇于在艰苦和困难面前，不断磨炼和提高自己，使自己尽快成才。

（二）农村生活的特点

改革开放以来，我国农民收入在较快增加的同时，其物质生活更加宽裕。一是食品消费质量提高。特别是进入新世纪以来，主食需求不断下降，营养丰富、档次高的副食品消费逐年增加，营养状况不断改善，膳食结构更趋优化。二是衣着更加时尚。农民衣着消费观念逐步更新，越来越注重穿着打扮，档次不断提高，成衣购买量稳步增加，并且越来越讲究款式、花色、质地和装饰。三是住房更加宽敞舒适。农村居民的居住条件明显改善，住房质量进一步提高，已经由满足基本居住面积需要逐步向讲究室内装饰、住房质量、居住环境、配套设施转变，更为突出的是农户使用电、沼气或液化气等清洁能源的观念和意识明显增强。四是大量新型耐用消费品进入农家。农民家中的耐用消费品呈现较快的增长趋势，特别是一些新型耐用消费品也开始在农户家庭中普及，由传统的“三大件”——彩电、冰箱、洗衣机向移动电话、影碟机、热水器、空调、电脑等新型耐用消费品发展，而且逐渐在农家普及。

随着农民物质生活水平的提高，农民对精神文化生活也表现出了强劲的需求，求知、求美、求乐、求健康、求参与也已成为广大农民的热切期盼，呈现出以广播电视为主，报刊、网络传播为补充，日益现代化、多样化的趋势。为此，一些有条件的农村大力加强文化建设，取得了可喜的成绩。一是开展社区便民服务。目前，一些村成立了社区服务中心，按照便民利民、实用有效的原则，设置村民购物、村民教育、农资供应、农技服务、文化娱乐、计生医疗、信息服务等服务点，为农民提供各种公共服务。二是推进广场文化服务。一些地方组建广场文化服务队，编排农民朋友喜闻乐见的文艺节目到农村社区巡回演出；一些地方采取多种形式向群众宣传新农村建设的有关政策；也有一些地方为农民朋友提供拳、功、操的义务培训指导等。三是提供读报读书服务。一些地方在农民聚集点设置阅报栏，并及时更换报纸，为农民阅报提供方便；也有一些地方在自然村建设农家书屋、农民科技书屋等，鼓励农民阅读图书，丰富精神生活。四是开展电影放映服务。一些地方组织电影放映队，轮流到农村社区免费放映故事片和有关科技、安全、礼仪等方面的宣传教育短片，丰富文化娱乐生活。五是提供数字电视服务。有的村在实现有线电视户户通的基础上，努力提升数字电视转换率。数字电视的开通，为用户提供了丰富的电视、数字音频广播节目及政务信息、百姓生活信息等服务内容，极大丰富了农民的精神文化生活。

由于受客观条件的制约，我国一些农村的农民精神文化生活仍然单调而贫乏。他们常常抱怨“活动少、渠道窄、形式旧”，渴望健康、丰富的精神文化享受。事实上，我国一些农村的情况也确实令人担忧。一是赌博成风。据调查，有些村庄有近 30％的农民在打扑克、搓麻将的时候赌钱，有些甚至数额很大，并且按这些农民的说法，如果不来点儿“刺激”，有谁跟你玩。二是封建迷信盛行。有些村庄的农民十分热心封建迷信活动，愚昧地对“患病可以不用打针吃药，有神灵保佑病就能好”深信不疑，即使造成严重后果也执迷不悟。三是部分农民对健康有益的精神文化活动缺乏参与热情。有些农民一味追求挣钱，忽视自身的精神文化生活，对健康向上的群体性文化活动缺乏热情，参与较少。对于这些情况，我们这些大学生村官要保持清醒的头脑，既不盲目行事，又不漠然视之，要循循善诱，通过耐心细致的思想工作和自己的身体力行加以影响，积极引导和帮助他们，使之逐步改变陋习，把精力投向健康有益的活动中。

（三）农村的管理体制

我国农村基层实行的是党领导下的“乡政村治”行政管理体制。所谓“乡政”是指乡（镇）一级作为国家的基层政权，建设相应的人民政府；而“村治”则以村民自治为基础，建设相应的村民委员会。

在乡镇，通常都设立党委、政府和人大主席团，其职能部门一般设有党政办公室（负责纪检、组织、宣传、统战、监察、人事、工会、共青团、妇联、人武、秘书、文书等工作）、经济发展办公室（负责农业、农经、工业、民营经济、劳动和社会保障、服务业发展、安全监督、统计等工作）、政法综合治理办公室（负责政法、综治、人防、司法、民政、信访、社会矛盾调处等工作）、社会事务办公室（负责人口与计划生育、村镇规划建设和管理、环境保护、科教文卫广体、食品药品等工作）、财经办公室或财政所（负责财政收支预算编制及执行、财务管理、涉农补贴发放、会计核算和会计管理、行政事业资产管理、政府采购、项目资金管理、审计等工作）等。此外，县级政府的职能部门和单位还在乡镇设有垂直管理的机构，如工商所、统计所、邮政所、司法所、公安派出所及电管站等。大学生村官要尽快了解和熟悉这些机构设置与职能划分情况，以便在工作中主动接受乡镇的支持、指导和帮助。

我国行政村实行的是党领导下的村民自治制度。一般来说，在行政村，建有党支部（比较大的村建有党总支或基层党的委员会)、村民委员会以及村集体经济组织。

村党支部是村的领导核心,对村的政治、经济、文化和社会发展的各个方面实行领导。其基本职责:一是对村经济建设、社会发展、党的自身建设及其他涉及全局性的重大问题做出决定;二是搞好支部自身建设,对党员进行教育、管理和监督,决定召开党员大会,考察、培养入党积极分子,做好发展新党员工作;三是制定贯彻执行上级党组织决议、决定的措施;四是按照干部管理权限和规定程序,讨论村级其他组织、群众团体的选举事宜,负责推荐、提名领导人选;五是负责教育、考核和监督村经济组织、共青团、妇代会、民兵等群众组织,支持和保证其依照国家法律、法规及各自章程充分行使职权;六是支持和帮助村民委员会依法开展工作,协调村民委员会同其他组织的关系,搞好村的社会治安、计划生育等有关社会主义精神文明建设;七是完成上级党组织交派的其他工作。

村民委员会是村民自我管理、自我教育、自我服务的基层群众性自治组织,实行民主选举、民主决策、民主管理、民主监督。其主要职责:一是宣传宪法、法律、规章和国家的政策,教育和推动村民依法纳税、接受义务教育、服兵役等法律义务,执行计划生育,教育村民爱护公共财产和设施,维护村民的合法权益;二是召集和主持村民会议、村民代表会议,执行村民会议和村民代表会议的决议、决定,接受质询并报告工作,组织村民小组并开展好各项工作,督促村民遵守村民自治章程和村规民约;三是组织、实施村建设和发展规划，办理村的公共事务和公益事业，支持和组织村民依法发展各种形式的合作经济和其他经济，承担村生产的服务和协调工作；四是尊重集体经济组织依法独立进行经济活动的自主权，维护以家庭联产承包为基础的统分结合的双层经营体制，保障集体经济组织和村民、承包经营户、联户或者合伙人的合法财产权和其他合法的权利及义务；五是依法管理属于本村村民集体所有的土地和其他财产，教育村民合理开发利用自然资源，珍惜土地，保护和改善生态环境；六是发展文化教育事业，推广普及科学技术知识，引导村民走科教兴村的道路；七是开展社会主义精神文明建设活动，教育村民热爱祖国，遵纪守法，加强民族团结，移风易俗，尊老爱幼，扶贫济困，拥军优属，团结互助，树立社会主义新风尚；八是调解民间纠纷，促进村民邻里团结，家庭和睦，处理好与驻村单位和其他村间的关系；配合有关部门做好禁毒、禁赌工作，坚决抵制和反对邪教组织，预防和制止家族、宗教冲突；对依法剥夺政治权利或者受到其他刑罚处罚的村民进行教育、帮助和监督，维护社会治安；九是认真完成乡镇人民政府布置的行政、经济等各项农村工作任务，协助乡镇人民政府开展工作，向上级人民政府反映意见、要求和建议；十是法律、法规规定的其他职责。

我国农村集体经济组织产生于 20 世纪 50 年代初的农业合作化运动。它是为实行社会主义公有制改造，在自然乡村范围内由农民自愿联合，将其各自所有的生产资料(土地、较大型农具、耕畜)投入集体所有,由集体组织农业生产经营,农民进行集体劳动,各尽所能,按劳分配的社会主义农业经济组织。它在历史演进中经历了3个主要时期,即合作化时期(从初级社到高级社)、人民公社时期(生产队、生产大队、人民公社三级所有,生产队为基础)、经济合作社时期(农村改革撤销人民公社并设立乡、村建制后,原来的人民公社、生产大队、生产队相应地变更为乡、村和村民小组;为适应生产队的经济职能,又加挂了经济合作社的牌子,使村民小组和经济合作社两个名称同时存在)。合作化时期,农民对社会主义改造的热情比较高,自愿入社,生产积极,合作社对经营管理的自主性也比较强。因此,这一时期的农村集体经济组织和集体经济比较正常。人民公社时期,实行"政社合一",强调"一大二公",搞"一平二调",严重地侵害了农民的利益,伤害了农民的积极性。此时虽然强化对农村集体经济组织的行政管理,却脱离了农村集体经济组织的性质和发展规律,严重地阻碍了生产力的发展,搞得农村经济几近崩溃。经济合作社时期,普遍实行了以家庭土地承包为主要形式的统分结合的双层经营体制,调动了农民的生产积极性,适应了农村生产力的发展,搞活了农村经济,但也造成农村集体经济组织经营管理能力和集体经济的弱化。这些变化,虽然存在这样那样的问题,但都尚未改变农村集体经济组织的基本属性。分析起来,农村集体经济组织的性质和特征主要有3个方面:

一是社会主义的经济组织。首先，它以社会主义的公有制为基础，且以土地为中心的主要生产资料为组织内的农民集体所有，并以宪法和法律直接予以确认。它是中国特色社会主义在中国广大农村的经济基础和组织保证。其次，它适应中国农村在社会主义初级阶段的发展规律，也就是说能够适应农村生产力的发展和维护最广大农民群众的根本利益。

二是民事法律主体的其他组织。农村集体经济组织依法律和政策规定而建立，有自己的名称、组织机构和场所，拥有独立的财产和自主进行生产经营的能力，并能在一定的财产范围内（土地所有权除外）独立承担民事责任，符合民事主体的资格条件，因此具有民事权利能力和民事行为能力。它与法人相似，但在设立程序和条件、终止条件、生产经营方式和目的、财产（主要是土地）处分、管理职能等方面却又不同于法人。故其作为民事主体，有别于自然人和法人，只能把它作为其他组织来对待。

三是重合于农村基层社会的自治组织。按照《村民委员会组织法》规定，农村基层社会的自治组织虽然是村民委员会和其下设的村民小组，但在当前的农村基层组织中，大多是农村集体经济组织（经济合作社）与村民小组或村民委员会是同一机构，即两枚印章一套机构。二者决策机制相似，实践中职能相互重叠，特别是对农村基层社会的服务，二者无法截然分开，具有“政社合一”的特征。

综上所述，农村集体经济组织既不同于企业法人，又不同于社会团体，也不同于行政机关，自有其独特的政治性质和法律性质，并带有社区的特点。正是由于这种特殊性，决定着农村集体经济组织的职能作用及其成员的资格权利等重要内容，与其他经济社会组织不同。

当前，随着《中华人民共和国农民专业合作社法》的颁布实施，农户根据专业化大生产和市场竞争的需要，自愿联合组成专业合作社，这是农村管理体制中出现的一件新生事物。农民专业合作社，与带有社区性质的农村集体经济组织（有的地方就称为“农村社区合作经济组织”）不同，其合作的范围有可能突破社区的界限，而以专业合作为纽带，其活动又仅限于生产经营方面的经济活动。

鉴于此，作为新到农村的大学生村官，要注意分清它们之间的关系，了解它们的职责和目标。只有这样，才能工作到位而不越位和错位，真正把工作做好，赢得群众的信任和支持。

（四）农村的风俗习惯

俗话说，“入乡随俗”。大学毕业生到农村后，首先要了解当地的风俗习惯，或者说风土人情，以免误解当地人的盛情好意，或者做出伤当地人感情的事。

风俗习惯是人类在长期的社会生产和生活过程中逐渐形成的。古人说，“自有人类，则渐有群；而其群之多数人之性情、嗜好、言语、习惯，常以累月经年，不知不觉，相演相嬗，成为一种风俗。”农村是农民生产生活的场所，是地区文化、社会、生活的综合体，是一种相对于城市的生活场景。农村的自然环境、人文环境和社会经济发展程度，直接影响着农民的生活方式，直接决定着农村的风俗习惯。

“百里不同风，千里不同俗”；“山川有殊，民性各异”。每一种风俗习惯的形成、发展和消失，均受一定的地域、生产、生活条件和地缘关系的制约，因而总要染上地方色彩。东汉班固云：“凡民函五常之性，而其刚柔缓急，音声不同，系水土之风气，故谓之风；好恶取舍，动静亡常，随君之情欲，故谓之俗。”唐孔颖达认为，风与俗“义通”，均指习尚。其差异在于：因“水土”即自然条件不同而形成的习尚为“风”；因“情欲”即社会条件不同而形成的习尚为“俗”。实际上，风俗的形成，是自然和社会环境同时交互陶冶于人类的结果。历代相沿成风，群居相习成俗，风与俗是相互融合的。

虽然我国地域博大，各地风俗习惯不尽相同而难以尽述，但是就我国的总体情况而言，大致可以分成各地区的风俗习惯和各民族的风俗习惯。如以长江为界的南北方的风俗习惯，往往以饮食区分，就很明显；而以民族为区分的风俗习惯，通常以宗教信仰为基础。大学生村官到了农村，要了解当地的风俗习惯，就要从当地的饮食习惯和宗教信仰着手，逐步深入。

风俗习惯是时代的镜子，社会的窗口。风俗习惯，能够反映人民的物质生活、心理状态和文化科学水平，反映各个民族的特点、性格；反映一个国家历史的变迁。因此，自古以来，我国历代统治者，都十分注重民间风俗的观察。许多地方官吏，选择本地习俗，以“讽世劝民”为宗旨，“美教化，移风俗”，达到“以俗治人”的目的。在现代社会，许多有识之士非常重视对民俗的研究，深入挖掘传统民俗文化中健康的、有益的、精华的成分，加以推陈出新，树立现代社会生活习尚，促进民族文化的发展，提高民族素质，借以抵制腐朽没落的、不健康的文化影响。

传统风俗习惯中有许多合理的、优美的、健康有益的东西。如除夕夜吃年夜饭，端午节包粽子，中秋节赏明月、吃月饼，更具诗情画意；腊月二十三大扫除，六月六曝衣晒霉等均有利于清洁卫生；其他如元宵节的灯谜晚会等，更是群众喜闻乐见的文化活动，既满足了群众的文化生活需要，也推动了当地文化艺术的发展。

但是，传统风俗习惯中也的确夹杂了一部分落后的、消极的、糟粕的成分。如某些地方有“割肝救母”的愚孝，“试婚走婚”的陋习，“奔丧守寡”的苦节，刁骂下流的民谣，愚昧崇拜的迷信等等。对这些习俗只有经过逐步地引导教育，让人们认识它的危害，才能使人们逐步丢弃这些落后的东西，摆脱其影响。大学生村官到农村后，千万不能操之过急，而应循循善诱，以免与村民形成对立情绪，给正常工作的开展造成障碍。

（五）农村的人情关系

农村人与人之间，人情纯真、感情淳朴，加上与外界交流较少，文化程度普遍偏低，人际关系比较简单。但他们祖祖辈辈都住在这里，恩恩怨怨、情情仇仇往往影响深远，有的甚至传承好几代，人际关系又很复杂。大学生到农村工作，要和村民打成一片，就有必要了解这里的人情关系，特别是对于一些积淀甚深的人际矛盾，通过自己的努力能化解的就帮助予以化解，一时无法化解的矛盾应该加以注意，等待日后条件成熟时予以解决，千万不能因为自己而“火上浇油”，激化矛盾，使自己成为不受欢迎的人。

改革开放以来，我国农业的分散经营替代了集体经营，使村民之间交流的机会和渠道减少了；随着农村外出务工人员增多、时间加长，村民之间，特别是务工与务农的农民之间交流的机会更少，村民之间变得冷漠了；社会主义市场经济体制的建立，使人们的价值观念发生了变化。这些因素，使农村人际关系出现了一些新变化，在一定程度上改变了农村传统的人际关系。这就需要到农村工作的大学生正确面对，在各方面做好充分的准备，以利于工作的开展。

大学毕业生王伟东是河南省焦作市第二批 1 000 余名大学生村官中的一员。2008 年 4 月 10 日走上新的工作岗位，被分配到修武县西村乡金陵坡村，那是一个偏远的小山村。说起在乡里等候村干部来接他的情形，王伟东记忆犹新。那天，王伟东等 16 个大学生村官辗转来到西村乡政府，在乡里等待各自村的村干部来接。当天，王伟东是最后一个离开乡政府的。下午快 5 点的时候，村会计崔光伟来了。还未进门，他就大声喊着："我们的村官在哪儿？""让你久等了！"崔会计和善的言语、友好的笑容、热情的问候和满身满脸的尘土，让王伟东立刻有了一种很亲近的感觉，心中的委屈也一扫而光。于是王伟东坚毅地说：走，咱上山！盘山公路蜿蜒曲折，车过处，腾起漫天尘土，既险又脏。到了村里，天已经黑了。崔光伟把王伟东安置在村委会大院没多久，村党支部书记崔光禄就来了。他说："我今天去市里办事，没能亲自去接你。你来到这里就跟在家一样，有啥困难跟我说！"书记的话暖人心，王伟东满脸的感动。第二天，书记带着王伟东在村里察看，帮助了解村情。这时王伟东才知道，金陵坡村离乡政府大概有 40 里路，属于省级贫困村；2006 年底从旧村搬迁到新村，村民们由过去住的石屋搬进了宽敞明亮的新房；全村一共 31 户，102 口人；人均 0.95 亩土地，都是旱田，主要种植小麦、玉米；人吃的是夏天积存的雨水。书记问王伟东怕不怕苦，王伟东坚定地回答：不怕！

刚到金陵坡的时候，村民李栓根对王伟东不冷不热，有时甚至还说一两句风凉话。但王伟东并不在意，而是一如既往地笑脸相迎，和气待人。有一次，李栓根去田里锄草，王伟东看到后，便主动走上去和李栓根一起干了起来。王伟东虽然出身农村，但没怎么干过农活，不一会儿便满头大汗，李栓根劝他歇歇，他就是不肯。看着王伟东满脸的汗水和双手磨出的水泡，李栓根感动地说：“行，你这小伙子不错，待人实诚！”

大学毕业生到农村工作，有带领群众致富的责任，这一点王伟东很清楚。为此，他根据金陵坡村的实际，提出了“大力发展蔬菜种植，在现有 2 户栽种西红柿的基础上，引导更多的农户加入进来，最终实现规模化种植”的建议。经过村干部的宣传和带动，现在全村已有 13 户人家搞起了西红柿种植。此外，王伟东还把发展旅游经济作为一项产业来抓。他来到金陵坡后不久就发现，几乎每天都有三三两两的人到山里旅游，周末时人更多。有时，他还碰到游客向他询问：“哪里有饭店”、“有没有商店”等等。基于此，王伟东向村党支部建议，在村里开设商店和饭店，以方便游客，增加群众收入。目前，村里已经办起了两家商店，饭店也正在筹建之中。

“时光荏苒，转瞬间已过了好几个月。在这几个月的村官生涯中，不可否认我也有过彷徨和迷茫，然而更多的却是一种充实，一种自强不息、奋发有为的动力，一种沉甸甸的责任和肩上神圣光荣的使命。”王伟东的眼神坚定而执著，他说：“选择当村官，我无怨无悔。我要融入到这里，和村民打成一片，积极投身这里的建设，改变这里贫穷落后的面貌，力争干出一番成绩来！”

二、做好村务工作，树立良好形象

（一）政策学习与宣传

大学生村官到农村工作以后，会接触到大量“三农”政策。学好、用好政策，做好党的政策的“宣传员”、“辅导员”，对于搞好村务工作有着非常重要的意义。

1. 政策学习与宣传的重要性

(1)有利于正确把握工作方向

毛泽东同志曾经说过：政策和策略是党的生命。可见政策的重要性。村务工作，也离不开政策的指引。政策就是工作的方向标、指示牌。方向对了，才会为下一步的工作奠定基础。如果不学好政策，可能就会出现只顾埋头拉车而不抬头看路的情况，结果是力气费了不少而工作没有成效。大学生村官在从事村务工作时，首先要认真学习和领会与自身工作有关的政策，这样在工作中才能以政策为依据解决现实问题。

(2)有利于工作创新

工作创新是一个人在认真思考的基础上，结合实际工作提出的改进工作的方式，它可以使工作更有效率、更有成果。工作创新也是对一个人综合能力的考察。需要注意的是，这种创新不是凭空想象出来的，而是政策和实际工作相结合的产物，即工作中的创新来源于对政策的把握和对实践的思考。

(3)有利于农民加深对政策的理解

党和政府制定政策，目的是让农民生活更富有、农村更美好，早日实现小康社会。但是，由于农民文化程度普遍偏低，甚至还有一些是文盲，再加上接受信息的渠道又少，导致他们对很多政策不知道、不了解，或了解不多，甚至有的还出现理解上的偏差。

中国农业大学叶敬忠教授主持的“农民视角的新农村建设研究”项目中，有一项关于“农民对新农村建设知晓情况”的调查，其研究报告指出：80％的被调查农民知道新农村建设；但这80％的农民中，有80％的人对新农村建设的具体内容知之甚少。一般农民理解的新农村建设就是住新房、街道整齐。从农民获取新农村建设政策信息的渠道来看，80.9％的农民是通过电视获取信息的，从村干部那里获取信息的只占18.8％。农民对政策理解出现偏差，很重要的原因就是农民文化水平低，对于听到、看到的政策内容理解不了。而如果让村干部去宣传党的方针政策，就可以把政策和实际很好地结合起来，讲给农民听，农民有不懂的地方，还可以给他们解释。

2.政策学习与宣传的途径和形式

(1)积极参加各级党委政府组织的学习活动

村干部作为我国最基层的干部，经常要到乡(镇)参加会议，学习有关的政策和文件；有的还可以参加一些专题培训班，既能听老师讲课，也可以相互学习，对加深政策的理解作用很大。总之，大学生村官要抓住一切学习机会，认真学习党和国家有关农村工作的方针、政策。

(2)养成及时学习的好习惯

党和国家在不同时期都会出台不同的政策，以解决时代发展过程中出现的新问题。为了及时掌握最新的政策、用好政策，必须养成及时学习的好习惯。了解、学习最新政策的途径很多。一是报纸。报纸的时效性最强，一般来说村民委员会都会订阅一些报纸。据一项关于新农村建设的调查显示，65.2％的村干部是通过报纸了解新农村建设有关信息的。二是上级下发的文件。这也是学习政策的一条主要的途径。三是电视。电视已经成为人们生活的必需品，电视也是传播政策信息的一条好途径。

作为接受过高等教育的大学毕业生，到农村工作后，要学会通过多种渠道，特别是在有网络的村，更需要学会利用网络，及时了解、掌握最新的政策。

(3)结合实际进行宣传

国家出台的涉农政策，往往与农民的切身利益密切相关。在宣传政策的时候，就要结合当地实际，向农民讲解这些政策的实施将会给他们带来哪些好处，应该怎么去做才能得到这些好处等等。

(4)采取农民喜闻乐见的形式

针对农民学习特点，在宣传政策的时候，要采取适当的宣传形式。除了采用宣传栏的形式之外，还可以采取其他的形式。如北京市顺义区“三农”研究会的张林成会长，采用了编“顺口溜”的做法向农民宣传新农村建设的有关政策，让农民“一看就明，一听就懂，一学就会，一干就灵”。再有就是借助文艺演出，或者以知识竞赛等形式，向农民广泛宣传与之息息相关的政策、方针。

(二)公关策划与实施

一提到公关，人们就会想到那是企业、公司的事，在很多教材或参考书中，也多是以此来说明公共关系的一般原理，而专门针对农村基层组织编写的公共关系方面的书则是少之又少。实际上，农村基层组织在开展村务工作的过程中，同样也需要进行各种公关活动，就是说他们也需要采用各种公关手段，来改善和社会公众的关系，得到公众对他们的理解、支持，达到树立良好的组织形象、促进组织目标实现的目的。一篇题为《大学生村官让人欢喜让人忧》的文章中提到，一位大学生村官曾感叹道：“在这儿，接待上访、处理纠纷、平衡关系、对外公关、社会交往等方面的能力要比专业知识更重要。”

按照公关学原理，在进行公关活动之前都要按一定要求进行公关策划，编写策划方案。从农村基层的实际来看，不一定每项活动在开展之前都要编制书面的策划方案，因为农村基层组织涉及到的公关活动很多，而且这些公关活动有大有小，有经常性的，也有偶尔的。当然作为一个经验丰富的农村工作者，策划的方案实际都在他的脑子里，实施的过程就是方案的具体表现。

1. 公关策划方案的编制

策划方案的编制要求切实可行，易于操作，能够达到预期的目标。一个完整的策划方案应该包括以下5个方面的内容：

①开展公关活动的目的和意义。在开展公关活动之前，一定要明确它的目的和意义，否则，策划出来的方案就失去了方向。

②确定本次活动要达到的具体目标。明确通过本次公关活动，可以达到的具体目标是什么，如通过什么样的民主活动，使村民对党支部委员会、村民委员会的满意度提高到80％等。

③具体工作步骤。这包括以什么形式开展活动和人员的具体分工、时间安排、补救措施等等。

④经费预算。对于开展的活动要明确所要支出的经费额。把握的原则是力争以最小的投入获得最好的效果，避免出现经费浪费或不足的现象。

⑤其他需要说明的问题。除了前述4项内容以外，还有必要说明的问题。

2. 公关的实施

在这里，主要针对村级开展的事务性公关活动，从内外两个方面来说明公关的实施。

(1)对内的公关活动

对内的公关活动主要是指大学生村官在与村民、乡镇政府打交道的过程中进行的管理及交流活动，目的是解决村民的实际问题，为村民做好服务，建立和村民、上级政府之间良好的人际关系，树立农村基层组织的良好形象，促进村的和谐发展。

1)公共服务公关

这里的公共服务主要是指为本村村民提供的服务，为他们解决困难，提供帮助。在为村民服务的过程中，所作所为都会留在村民的印象中，它是赢得民心的基础。如果对村民一视同仁、热心周到、办事高效，那么村民就会增加对你的信任和尊敬。如《中国教育报》刊登的《广阔农村任大学生充分施展才华》的报道中提到有一个叫白金星的大学生到新疆维吾尔自治区昌吉州下属的一个村担任村民委员会主任助理，看到村民收看不到电视节目，就积极协调镇文化广播中心解决村里看电视难的问题，之后又积极向村民委员会建言献策，为农民增收致富出点子、想办法，从而赢得了村民的信任。

为村民提供的公共服务一般有：公共服务设施建设、各种证件的办理、提供农民所需的各种信息等。

2)调解公关

调解工作是大学生村官经常遇到的一项日常性工作。村民自身有需要解决的问题，都可能去找村民委员会解决。作为调解人的大学生村官如何能将大事化小、小事化了，显得尤为重要，因为它事关农村的和谐发展问题。一些大学生村官遇到这样的事时会手足无措，不知如何去解决，调解不成反而使矛盾升级，事态严重。事实上，做好调解工作可以从以下5个方面入手：

第一，冷静对待。首先自己不能慌张，要保持头脑冷静，做好处理纠纷的心理准备，让当事人觉得你是值得信任的人。同时，还要做好后续工作，有时事情不是一次就能解决的，需要对当事人反复做耐心细致的工作才有可能解决问题。

第二，选择合适的调解地点。选择调解地点非常重要，切忌选在当事人任何一方的家里，或对任何一方有影响的地方，这样容易引起当事人的不满。调解地点必须选在一个和双方当事人都没有关系的地方，比如选在村民委员会的办公室，或者是选在村里威望最高的人家里，体现调解的公正性。

第三，缓和当事人的激动情绪。发生纠纷后，当事人往往都处于一种激动的状态下，这时调解人就需要把当事人带到合适的调解地点，及时缓和当事人的情绪，让他们平静下来，如让他们先坐下，分别给他们倒上一杯茶或是递上一支烟，等他们的情绪平稳后再开始调解。

第四，弄清事情原委。等当事人情绪平静后，就开始让他们逐一地叙说产生纠纷的原因。调解人在听的过程中，不要对当事人所说的话进行评论，要边听边想，思考化解矛盾的最佳方案。

第五，提出解决方案。在听清事情的原委后，能解决的，提出具体的解决方案，和当事人协商，征得他们的同意，以达到及时就地解决的目的。如果他们不能接受解决方案，那就要看自己提出的方案是否合理，对方案进行改进，直到双方满意为止，以达到及时就地解决的目的。如果还不能解决，可以和乡镇司法所等相关部门共同解决问题。如江苏省海安县协力村的瞿阳竣是个大学生村官，在他分管的一个村民组里，有一块十多亩的胡桑田，由于是两村交界，村民之间有矛盾，邻村的村民不准挖沟，所以七、八月份雨季一来，胡桑田就要被淹，20 多户村民为此伤透了脑筋。就是这个拖了近十年的问题，却被他用在水沟里安放涵管的办法给解决了，一下子就赢得了村民的信任。

另外，也可以把当事人分开单独去做工作，以达到最终和解的目的，免得双方碍于面子不接受调解方案。

3）乡镇公关

农村基层组织直接受乡镇政府的领导，和乡镇政府之间加强沟通和理解，保持和谐的关系，对于村庄今后的发展意义重大。搞好乡镇公关的途径有：

第一，主动汇报工作。农村基层组织和乡镇之间关系最密切。一个乡镇管辖有多个行政村。为了加深乡镇领导对本村的了解，经常向乡镇领导汇报工作是一个非常好的办法。这可使乡镇领导在了解村里的工作情况的同时，加深对大学生村官的印象。

第二，多方位宣传。宣传是村务工作中必不可少的一项工作。当今已不是“好酒不怕巷子深”的时代，而要讲求“好酒还须会吆喝”这样的新观念。要学会利用各种机会宣传自己。如利用乡镇的网站，把村里工作情况和开展的活动及时向外界宣传；印制宣传材料，介绍村里的情况；开展各种有益的活动也是宣传的一种手段。

第三，了解“政府需求”。要时刻关注乡镇政府的工作需求和工作重心，寻找机会，借力促进本村的发展。事实上，如果大学生村官的设想满足了政府的需求，政府自然会对其工作给予支持，有利于各项工作的开展。

第四，加强感情联络。感情联络是一种重要的公关手段。一句温暖的问候语、一份富有特色的小礼品，有时都可能成为感情联络的纽带，为日后的工作奠定良好的基础。

(2)对外的公关活动

村里涉及到的对外公关活动很多，这里主要介绍接待公关和劳务公关两种。

1)接待公关

接待公关主要是指接待村以外人员时开展的公关活

动。要想完成好接待任务，给客人留下美好的印象，可从以下 4 个方面做起：

第一，做好接待准备。最好拟订一个详细的接待方案，包括确定负责人、参与接待的人员、活动的日程安排、接送安排等。在客人到达之前，要把环境卫生搞好，给人以耳目一新的感觉。会客室要备好茶水、果盘等。

第二，热情接待。在客人到来时，一定要提前到门外迎接，做到热情大方，然后陪同客人来到会客室，请客人喝茶休息。

第三，安排好活动。客人到达后除了在会议室听取汇报、座谈外，有的还要去参观一些地方，实际了解情况，接待人员要提前把参观的路线安排好。参观最好要选择一些有特色的、有意义的地方，以给客人留下最佳印象。接待人员要做到对所参观的地方熟悉，能流利地回答客人提出的各种问题。

第四，做到有始有终。在整个接待活动中，要始终坚持热情接待的原则，不要让客人有被冷落的感觉。走的时候一定要送到大门外或村口，还可以给客人带上一些地方的土特产、宣传材料等。

2）劳务公关

劳务公关是指将本村的劳动力资源向外推介过程中而产生的公关活动。劳务公关可从以下 5 个方面做起：

第一，搜集相关信息。从各种渠道了解一些地区和单位对劳动力的需求状况、具体要求，然后摸清村里有外出务工意向的人员情况，组织村里人员劳务输出。可以把村里的劳动力资源登记在册，然后根据个人的条件和用人单位的需求进行安排。

第二，做好各种培训。由于各地区各单位对劳动力的需求不同，而且越是有技能的人员被聘用的机会就越大，所以在输出之前一定要做好一些相关的培训活动，有条件的还可以进行实际操作培训。

第三，和需求单位保持密切的联系。通过各种途径和手段与需求单位建立联系，而且这种联系还应该是长期的、固定的，以保持劳动力输出的稳定性。可采取主动上门联系介绍情况的方法，以及利用某些熟人和需求单位联系，并邀请需求单位来村里参观等方式，多方面加强和需求单位的联系。

第四，做好劳务输出的组织工作。在劳务输出的过程中，必须做好组织工作，跨地区输出的还要有专门的人员负责、带队，安排好劳务人员的交通、食宿等。

第五，建立反馈制度。劳务人员输出后，要与用人单位及时建立联系，了解输出人员在那里的工作情况，用人单位是否满意，今后还需要在哪些方面进一步完善等。

（三）会议筹备与组织

会议是指在遵守国家法律和遵循一些规则的前提下，围绕确定的议题，3个及3个以上的人在一起共同商讨（商议）问题（议题），以便达到或互通情况，或交流思想，或得出结论，或达成协议，或做出决议（决定）等有目的、有组织、有领导的集会。会议由6个基本要素构成，即与会者、会议主持人、会议议题、会议名称、会议时间、会议地点。从事农村工作，经常要组织一些会议，会议筹备做得充分与否，直接关系到会议的质量。

1.会议的筹备

当村领导班子决定召开会议时，应该做好哪些准备工作呢？根据召开的会议不同，具体的准备工作也不同，但总的来看，应该包括以下准备工作：

①明确人员分工。领导班子首先要把有关人员召集在一起，明确会议的主题、时间、地点等，确定负责人及其他人员的分工，以提高工作效率，避免出现打乱仗的现象。

②制订会议筹备方案。会议筹备方案一般包括以下内容：确定会议名称、与会人员、时间、地点，确定会议通知内容，会场布置要求，会议文件资料种类、内容、要求，会议设备和用品种类、要求，会议后勤安排，会议记录安排，会场服务安排，会议预算安排，其他注意事

项等。

③拟订、下发通知。在拟订的通知中，要把会议的主题以及召开会议的时间、地点、内容等具体要求写清楚，使参会者对要召开的会议有个大致的了解。下发的通知，最好直接送到参会者本人手中。如果是召开全村的大会，也可以利用村里的公开栏或用广播的形式，广而告之。

④准备材料。这里的材料包括用于发言的基础材料、发言稿、为与会者准备的材料等。

⑤编写议程。会议议程是开会过程的体现，是根据会议筹备方案来的，为的是让参会者对召开的会议安排有所了解。

⑥必要的服务工作。如确定参会人数、安排就餐。如果组织外出参观，还要联系好参观用车、准备饮用水等。

⑦确定会议的场所及布置。首先，选定会场。会场的选定主要是根据会议的内容、人数来确定的。一般村民委员会都设有一两个会议室。选定会场时要考虑的主要因素：一是会场大小要适中，甚至有的村召开村民大会时，为了容纳更多的人，可能就找村里一个较大的空地，如现在很多村都有文化广场；二是会场要具备基本的设施，如扩音器。其次，要搞好会场的布置。不同的会议，会场布置虽然有不同的形式，但都必须反映会议的主题，如庆祝大会要求显出喜庆、热烈的气氛。会场的布置一

般包括：主席台的设置，会场的主体布置、附属性布置及装饰性布置等。

2. 会议的组织

会议的组织流程见图 2-1。

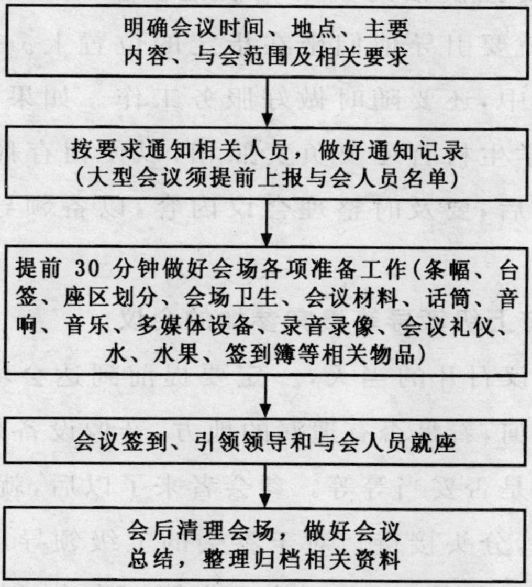

图 2-1　会议组织流程图

（引自 http://www.zbvc.cn/cs/bgs/news/editor）

在会议召开之前，按照会议筹备方案中确定的内容进行准备。所进行的准备工作可以根据会议的大小来决定，但是，在会议召开之前所有的准备工作一定要做好。这里介绍村内部成员参加的会议和有上级领导等贵宾参加的会议的组织工作。这两类会议组织工作有相似之处，也有不同之处。

(1)村内部成员参加的会议

村内部成员参加的会议包括村领导班子会、村民代表大会等。在会议开始之前，把会议所需的材料准备好；需要挂横幅的就要提前把横幅挂好；如果有村民参会，就要引导他们坐在指定的位置上。在会议进行的过程中，还要随时做好服务工作。如果没有专人照相，大学生村官还要负责照相，以便留存照片资料。会议结束后，要及时整理会议内容，以备领导参考、存档之用。

(2)有上级领导等贵宾参加的会议

在会议召开的当天，一定要提前到达会场，看看准备情况如何，看是否有遗漏的地方，音像设备是否正常，横幅悬挂是否妥当等等。参会者来了以后，就要按照事先的分工，分头接待。对于参会的上级领导或贵宾，最好是到村外迎接，以免因为客人第一次来，对村里道路不熟造成不便。同时，要安排专人陪同，热情接待，给领导和贵宾留下良好的印象。会议开始后，如果没有专人照相，大学生村官还要负责照相，以便留存照片资料。在会议即将结束时要把餐饮安排好，保证客人就餐。会议结束后，要及时整理会议内容，以备领导参考、存档之用。

（四）信息收集与传播

信息（又称讯息或资讯）是一种消息，通常以文字或声音、图像的形式来表现，是数据按有意义的关联排列的结果。生活在信息化社会里的人们每天都会接收到大量的信息。信息与人们的生活、工作密切相关。同样，在村务工作中也离不开信息。面对繁多的信息，如何从中选取有用信息，从而对村务工作起促进作用。这对于大学生村官来讲也是一项重要的工作。

1. 信息收集与传播的重要性

信息作为一种资源，在现代社会中所起的作用越来越大。在村务工作中，信息收集与传播的重要性主要体现在以下两个方面：

①为村务工作提供指导。在村务工作中，必须随时了解大到国家的政治方针、小到村民的想法意愿等与农村发展有关的信息，以便指导村务工作，促进村庄的和谐、快速发展。如2010年中共中央一号文件的主题是夯实农业基础统筹城乡发展，国家在“三农”方面仍继续给予大力的支持。根据国家将对农民增加良种补贴的信息，可鼓励村民多种粮食，以获得政府的扶持。

②促进农民增收致富的好帮手。很多农民都希望通过自己的劳动来致富，但是，由于信息渠道的不畅等原因，不知道应如何致富，或者获取的信息滞后，再加上对信息分析能力弱，不仅没有致富，反而有时损失惨重。就

拿农产品市场信息来说，农民的信息来源就是市场的价格变化，看到今年种某种蔬菜赚钱，明年就一窝蜂地都去种植这种蔬菜，结果由于供过于求，产品卖不出去，只好贱卖，有时连成本都收不回来；或者在农产品销售旺季，不知道哪里的产品销售价格高，亲自去跑既耽误时间又大幅增加成本，错过了销售的最佳时机，影响了农民的收入。如青海省互助县东和乡的大学生村官包辉安，利用自己在大学所学的知识教农民种食用菌，看到村里的食用菌种植单一、分散，且规模小，信息不灵，销售困难，就积极协助村民委员会成立食用菌协会，使当地农民的食用菌种植逐步走向产业化、专业化、规模化，为当地农村发展作出了重要贡献。

2. 信息收集的内容

面对外界繁杂的信息，应当收集哪些方面的信息呢？结合农村的实际，主要收集的信息可以分为以下 4 个方面的内容：

①政治方面的信息。现在很多农民也开始关心国际、国内发生的一些大事。再有就是中央和地方政府下发的一些文件，也应该传达到农民那里。前面我们提到的政策的学习与宣传，其实政策也可以理解为是信息中重要的一部分。

②经济方面的信息。这是农民最关心的信息，因为它和农民的生产活动息息相关。经济信息包括：生产资料信息，如化肥、生产工具等的价格、购买地点；农产品的

市场信息等。如北京市平谷区白各庄村的大学生村官王振宇，2005年一来到村里就下去搞调查，发现这里生产大桃，农民为了卖个好价钱，就起早贪黑地跑市场搜集信息，正好他了解到农业部开发了一个销售农产品的信息服务网络，而一问农民连最基本的计算机开、关机都不会，所以决定为农民开办一个计算机培训班，结果第一次来参加培训的还不到10个人，可当农民亲眼从网上看到北京各大批发点的大桃价格时都惊呆了，这不就是整天费力打听的信息吗？第二次来上课的农民明显增多。经过努力，白各庄村的大桃网上销售占到了全村整个销售额的10％以上，甚至还远销国外。

③科技信息。越是经济发达地区，农民越懂得科技对农业生产的重要性。但是在经济欠发达地区，农民的科技意识则有待加强。我国科技对农业的贡献率和发达国家比起来还很低，主要原因就是农民对农业科技不了解、不掌握，吸纳能力较弱。

④劳动力需求信息。农村富余劳动力的转移，主要是靠向二、三产业转移实现的。一些农民由于信息不畅，不了解用工信息就盲目外出打工，结果就出现找不到工作的现象，滞留在城市，甚至还上当受骗。所以，大学生村官应当收集这方面的信息，为农民就业提供帮助。如北京市房山区长沟镇就建立了一个信息库，把用人单位的信息收集起来，村民可以根据用人单位的需求情况，选择适合自己的工作。

除了以上几个方面的信息外，如有可能也可以多收集一些和农民生活相关的信息，如健康方面的信息等。

3.收集信息的渠道

在信息化的社会里，信息收集的渠道很多，综合起来有以下5种：

①报纸。报纸是传统的信息载体。一般的村民委员会都订有一定种类的报纸，很多村干部也习惯从报纸上了解相关信息，而且还可以把有用的信息保存起来。

②电视。电视在农村的普及率不断上升，电视已经成为人们生活中不可或缺的一部分。电视提供给人们的信息非常丰富，是人们获取信息的一条主要渠道。

③电话。据工业和信息化部的统计，截止到2009年底。我国已经实现了99.86％的行政村和93.4％的20户以上自然村通电话，预计2010年实现100％行政村通电话。

④互联网。互联网的开通，为人们获取信息提供了一条更快、更便捷的通道。一条信息瞬间就可能传遍世界各地。2009年底，乡镇通互联网比例达到99.3％，行政村通互联网比例达到91.5％，预计到2010年，乡镇通互联网比例达100％。甚至有的村都建立了网站，如北京市丰台区的太子峪村就建立了农民网站，搭建了信息收集和发布的平台。

⑤上级下发的文件等材料。在工作中，上级机关经常会给村里下发一些文件等材料。这些也是获取信息的

一条渠道，从这些材料中可以了解到上级机关的要求，从而调整村里的工作。

4.信息传播的途径

从村里的工作来看，信息主要是向上级政府和本村村民传播，目的是加强沟通，从而获取上级政府的支持，指导农民的生产与生活，使农民得到更多实惠。大学生村官在信息传播方面要把农民所需要的信息及时传播给农民，当好农民的“信息解读员”，实实在在地为农民服务。

(1)建立信息专刊

工作简报是一种常见的信息传播途径，就是将所做的工作以简讯的形式向上级政府汇报和向村民通报。工作简报的内容简洁，使人能够在很短的时间内，了解村里所做的工作，不失为信息传递的一种好方法。另外，有的村编印一些内部刊物来广泛传递信息。如北京市丰台区的太子峪村，创办了《太子峪新农村》月刊，每月发放到各家各户，将党的政治理论、各级政府政策法规，以及各类常识等有针对性地宣传到每户村民，将太子峪村的新农村建设动态、各类活动的开展情况、百姓的心声等及时通报给村民，使村民从中获得有用的信息。

(2)汇报材料

除了信息专刊外，村里也可以将所做的一些重要工作适时地写成汇报材料，报送给上级政府。在进行完一项工作后，要及时地写汇报材料，如村里搞了一次促进精神文明建设的活动，就可以撰写《关于××村促进精神文明建设活动的汇报》，使上级政府了解村里的工作。

(3)传统途径

所谓传统途径就是指以黑板报、宣传栏、明白纸、广播等形式进行信息传播的途径。目前，传统途径在农村使用还是很普遍的。一般每个村都有宣传栏，村里的财务信息、通知等随时贴在那里，使村民了解村民委员会的工作情况。

除了使用这些途径向村民传递信息外，有的村还使用更现代化的手段，如深圳的南岭村实施村务公开、政务公开，不仅张榜公布，还开通了电脑查询，农民可以随时上网查看有关信息。

(五)文档整理与保存

档案可以分很多种。在村务工作中，常见的就是文书档案。档案作为人类活动最原始的记录，真实地记录了当时的情况，不仅可以使人了解当时所发生的情况，而且在解决各种纠纷的过程中还起着其他材料不可替代的证据作用。这些文书档案对于了解某村的发展历史有着非常重要的作用。中国经济出版社曾出版过一本《马鞍村的百年沧桑》的书，在写作材料的来源中就包括了村民委员会所提供的档案。村级档案管理一直是我国档案管理的薄弱环节，现在这种情况正在改变。一些地方制定了村级档案管理办法，加强对村级档案的管理，使村级档案管理开始走向规范化。如辽宁省出台了《辽宁省村级档案管理办法》。每一位大学生村官在从事村务工作时必须重视档案管理工作。

1. 村级档案的内容

村级档案是指村党组织、村民委员会、群众组织、村集体经济组织和村民个人在新农村建设活动中形成的具有查考利用价值的文字、图表、声像、实物等不同形式的历史记录。

(1)文书档案

文书档案也称党政档案或行政档案，是村级组织在领导和行政管理活动中形成的档案材料，是最常见、最重要的一类档案。文书档案主要包括：上级机关下发的文件材料；村党支部（或党总支、党委）形成的材料，如村党支部（或党总支、党委）会议记录；村党支部（或党总支、党委）工作计划、总结、组织史、大事记、工作日志等；村民委员会形成的材料，如会议记录、村民委员会工作计划、总结、经济发展规划；组织沿革、村史村志、大事记；本村农业、多种经营、村办企事业形成的文件材料；本村制订的村规民约、章程、条例等。这些材料在办理完毕后，其中有价值的被保存下来就成为今天的文书档案。

(2)声像档案

声像档案又称音像档案、视听档案，是村级组织在从事各种活动中形成的有保存价值的以音像等方式记录信息的特殊形式，并辅以文字说明的历史记录。与纸质档案比较起来，声像档案更具有直观性，可将当时的情景清晰地展现在人们的眼前。声像档案主要包括本村重要活动、重大事件、庆功表彰等方面形成的照片（底片）、录音、录像带等。

(3)实物档案

实物档案是具有档案属性的实物通过收集整理转化成的档案，主要是指村里获得的各种奖状、奖杯、奖牌、锦旗、证书、印章等有纪念意义和凭证性的实物等。这些实物档案往往是对村里所做工作的一种肯定。在有些村民委员会，常被摆放到最显眼的位置上。

除了上述介绍的这些档案外，还有一些专门档案，如会计档案等。

2.村级档案的整理

村级档案的整理也要遵循档案管理的基本要求，当然，可以根据实际情况适当进行调整，把握的原则是以方便、实用为准，便于日后查找。档案一般按年度一年归档一次，通常在次年的6月底前归档。会计档案由财会人员整理完毕一年后向档案室移交。

(1)鉴定

在村务工作中，每天都会形成一定的文字材料，如会议记录、通知、统计报表等。这些材料并非全部都要留存，而只是对其中有价值的材料进行归档留存，形成档案。所以，在整理档案之前，首先要做的工作就是鉴定，把其中有价值的文件挑选出来，即本村各项工作活动中形成的反映本村各项职能活动的具有查考利用价值的文件材料，均应按规定由档案人员和有关人员收集齐全、完整，立卷归档。任何组织和个人不得将应归档的文件材料据为己有。

在鉴定中，还有一项要做的工作就是档案保管期限的鉴定。文书档案的保管期限一般分为永久（50 年以上）、长期（16～50 年）、短期（15 年以下）三种。可根据档案材料的价值标出不同的保管期限。

(2)分类

归档文件分类的方法很多，可以选择其中适合自己的方法。按照《归档文件整理规则》规定的分类方法，可采用以下方法分类归档：

年度分类法、机构（问题）分类法、保管期限分类法，还可以采取复式分类法（年度—机构—保管期限分类法、保管期限—年度—机构分类法、机构—年度—保管期限分类法、年度—问题—保管期限分类法、保管期限—年度—问题分类法、问题—年度—保管期限分类法、年度—

保管期限分类法、保管期限—年度分类法等)。

在实际工作中,可根据自身的情况,灵活运用分类法,掌握的原则是方便查找。

(3)装订

把留存的档案按照档案装订的要求进行装订。这样在今后查找资料时就非常方便。

(4)编号

编号主要是为了确定归档文件在全宗中的位置,为今后的查找、利用提供方便。编号的必备项目有:全宗号、年度、保管期限和件号。

3. 文档的保存

档案是一种真实的历史记录,是一种不可再生的信息资源,所以它的价值与年代是成正比的。这就涉及到文档的保存问题,有的文档因为保存不善,造成不可挽回的损失。为了长久地发挥档案的作用,从档案形成之日起就要树立保存的意识。

(1)纸笔的选择

档案是需要长久保存的资料。就纸质档案而言,一定要选择符合档案保存要求的纸笔。虽然,现在大力倡导节约、环保,但是作为留存的档案材料,不能用再生纸,因为它不适合长久保存。笔的使用也有要求,在档案材料上留有领导批示,必须使用符合档案要求的签字笔,而不能使用圆珠笔或铅笔;使用钢笔的不能用纯蓝墨水,否则，随着时间的推移，字迹就会慢慢变淡，甚至消失，失去应有的价值。

(2)档案工具

装订好的档案，一定要分别放入档案盒或档案袋中，这样利于档案的保护，千万不能随便放在杂志盒或其他的地方。

(3)建立专门的保管场所

有条件的村，最好建立专门的档案室，便于查找和管理。建立的档案室要符合“八防”（防火、防盗、防潮湿、防高温、防鼠、防虫、防水、防污染）要求，而且不同载体的档案要分开保存，因为他们的保管要求不高，否则容易缩短档案的寿命。如纸质档案和音像档案对保存的要求就不同，不能混放。

另外，档案室要建立查阅档案登记和利用效果登记等制度。对涉及人事、经济合同、边界纠纷、科技档案内容的，要经村分管档案工作的领导批准后方可查阅。

三、推动经济发展，带领农民致富

(一)农村土地承包与农业生产

1. 村民与集体经济组织应当依法签订农村土地承包合同

从推行家庭联产承包责任制开始，村集体经济组织与其成员之间就确立了承包经营关系。为明确相互权利和义务，双方就发包、承包集体所有的生产资料（包括依法取得使用权的生产资料）以及依法确定由村集体长期使用的国有自然资源，订立承包合同。承包合同一般按承包项目划分为耕地、荒地、林地、果（茶、桑）园、养殖水面、草场、农业机械、小型水利设施、村集体企业等具体的承包合同。承包合同一经签订，即具有法律约束力。农村土地承包合同是承包合同中最重要的合同类型。国家为此制定了《中华人民共和国农村土地承包法》等法律法规进行规范。

农村土地承包合同已经成为实现农业生产统分结合双层经营体制的基本法律形式，是设立农村土地承包经营权的重要依据。土地是农业生产中最基本的生产资料。农村土地的所有权归集体经济组织所有，农民通过与村民委员会（村集体经济组织）签订土地承包合同获得土地的使用权、经营自主权、流转选择权、收益权、法定处分权，履行相应义务。

村民与村民委员会（村集体经济组织）订立承包合同必须经过法定的程序。为了维护双方经济关系的稳定性，避免纠纷，需要双方经法定程序或采用书面形式订立承包合同。承包土地的程序应当合法，发包方与承包方签订土地承包合同的前提条件是发包方案必须经过村民大会讨论通过。除上述规定外，在承包期内，发包方不得调整承包地。承包期内，因自然灾害严重毁损承包地等特殊情形对个别农户之间承包的耕地和草地需要适当调整的，必须经本集体经济组织成员的村民会议 2/3 以上成员，或者 2/3 以上村民代表的同意，并报乡（镇）人民政府和县级人民政府农业等行政主管部门批准。承包合同中约定不得调整的，就要遵守其约定。如果村民委员会、村民小组有违反民主议定原则，擅自将土地发包给他人或者本集体经济组织成员之外的单位或者个人的，该承包合同应当是无效合同。但是如果承包合同签订满 1 年，或虽未满 1 年，但承包人已实际进行了大量投入的，人民法院不会因发包方违反法律规定的原则越权发包而确认该承包合同无效，仍然视该合同有效，但需要对合同的有关内容进行适当调整。

承包方与发包方签订的土地承包合同应当采取书面形式。但口头合同以及其他证明承包法律关系的事实和文件等能确认土地承包合同效力的，只要当事人履行了主要义务，对方接受，即使没有签订书面合同一般也认为有效。为避免合同履行中出现纠纷，承包合同条款应该清晰、明确。承包合同应当具备以下主要条款：发包方、承包方的名称，发包方负责人和承包方代表的姓名、住所；承包土地的名称、坐落、面积、质量等级；承包期限和起止日期；承包土地的用途；发包方和承包方的权利与义务；违约责任。承包合同自签订之日起生效。承包方自承包合同生效时取得土地承包经营权。

签订农村土地承包合同的程序如图 3-1 所示。

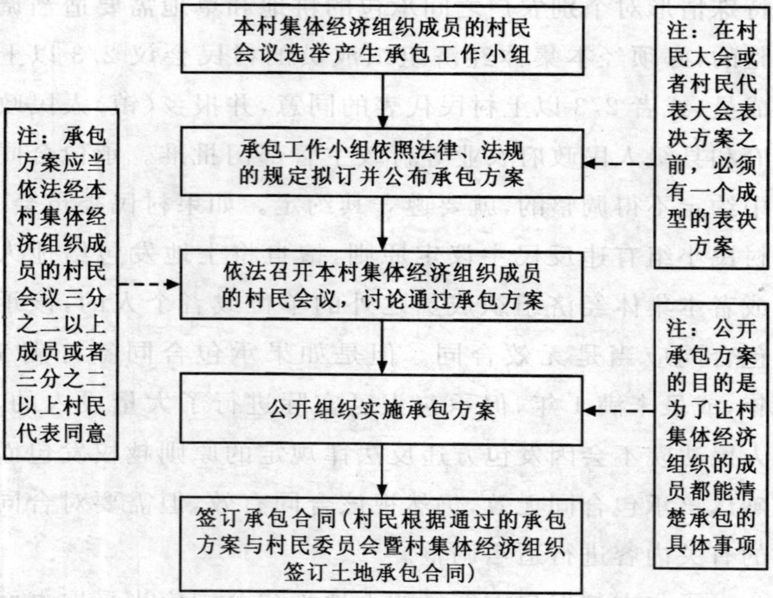

图 3-1 签订农村土地承包合同流程图

2.发包方和承包方的权利与义务

承包方与发包方应当根据土地承包合同规定行使权利，并承担义务。

发包方主要享有以下权利：

①在履行土地承包合同中享有收取承包金或承包费的权利；

②发包的权利；

③收回土地的权利；

④监督承包方合理利用土地的权利；

⑤制止承包方损害承包土地和农业资源行为的权利。

发包方主要承担以下义务：

①维护承包方的土地承包经营权，不得非法变更、解除承包合同；

②尊重承包方的生产经营自主权，不得干涉承包方依法进行正常的生产经营活动；

③依照承包合同约定为承包方提供生产、技术、信息等服务；

④执行县、乡（镇）土地利用总体规划，组织本村集体经济组织内的农业基础设施建设；

⑤法律、行政法规规定的其他义务。

家庭承包的承包方是本村集体经济组织的农户。

承包方主要享有下列权利：

①依法享有承包地使用、收益和土地承包经营权流

转的权利，有权自主组织生产经营和处置产品；

②承包地被依法征用、占用的，有权依法获得相应的补偿；

③法律、行政法规规定的其他权利。

承包方主要承担下列义务：

①维持土地的农业用途，不得用于非农建设；

②依法保护和合理利用土地，不得给土地造成永久性损害；

③法律、行政法规规定的其他义务。

土地承包经营的期限，耕地为 30 年，草地为 35～50 年，林地为 30～70 年，特殊林木的林地承包期经国务院林业行政主管部门批准可以延长。在承包期内，无论农民是否从事农业，是否仍以农为生，除非他主动放弃土地的承包权，否则任何组织或个人都不得通过任何手段使农民失去承包的土地。

3. 土地承包经营权

土地承包经营权是指村集体经济组织成员在法律规定或者合同约定的范围内享有的对本村集体经济组织所有的土地、森林、山岭、草原、荒地、滩涂、水面等进行占有、使用、收益和流转等方面的权利。

在土地承包中，妇女享有与男子平等的权利，任何组织和个人不得剥夺、侵害妇女应当享有的土地承包经营权。在承包期内，妇女结婚，在新居住地未取得承包地的，发包方不得收回其原承包地；妇女离婚或者丧偶，仍在原居住地生活或者不在原居住地生活但在新居住地未取得承包地的，发包方不得收回其原承包地。发包方有剥夺、侵害妇女依法享有的土地承包经营权行为的，应当承担停止侵害、返还原物、恢复原状、排除妨害、消除危险、赔偿损失等民事责任。

只要是本村集体经济组织成员就可以依法承包农村土地。外出务工农民即使在发包期间没有在家或者长时间外出务工没有回家，依然拥有土地的承包经营权，不能被剥夺或任意收回。

4.农村土地承包纠纷的解决

农村土地承包合同的当事人之间发生了纠纷，可以采取以下几种方式予以解决：

一是协商解决。双方在没有第三方介入的情况下握手言和。

二是调解解决。双方达不成协议时，由第三人进行劝说，解决纠纷。

三是仲裁方式解决。各地政府都设有针对农村土地承包合同纠纷和因土地承包经营权发生纠纷的仲裁机构，其对所发生的纠纷，可以依法做出裁决。

四是诉讼方式解决。人民法院根据土地承包合同纠纷当事人的诉求，依法做出裁判，解决纠纷。

5.现代农业是农民致富之本

农业是人类社会赖以生存的最古老的基础产业，发展到今天已有几千年的历史。伴随着工业化和城市化进程的不断加快，农业必然从传统农业向现代农业转型。现代农业是在现代工业和科学技术的基础上，重视加强农业基础设施建设，充分汲取传统农业的精华，以现代工业和科学技术装备起来的，以商品性生产为目的，推行现代管理理念和方法的农业综合体系。现代农业包括生产资料工业、食品加工业等第二产业和交通运输、信息服务等第三产业，不再局限于种植业、养殖业等传统意义上的农业行业。现代农业的核心是科学化，目标是产业化，特征是商品化，方向是集约化。

(1)现代农业的特点

其一，种养加、产供销、贸工农一体化，农工商的结合更加紧密。

其二，重视资源的合理利用和生态环境建设，农业的内涵得到延伸和拓宽，农业产业的链条不断加长，而且采用机械化、电气化、工厂化生产。

其三，按照农村生产力发展和市场经济体制的要求，一个全方位的、权责一致的农业管理和服务体系逐渐建立起来，如农业企业、家庭农场等的出现，使分散的小农经济不复存在。

其四，农产品生产按优势区域进行布局，农产品在国内外贸易流通，现代制种技术、生物技术和信息技术大量应用，优质农产品实现标准化生产。

(2)搞好现代农业的关键点

我国政府明确提出推进现代农业建设是强化社会主义新农村建设的产业支撑。目前，搞好现代农业建设的关键点在于以下两方面内容：

①加强农村现代流通体系建设。积极推进农产品批发市场升级改造，促进入市农产品质量等级化、包装规格化。鼓励商贸企业、邮政系统和其他各类投资主体通过新建、兼并、联合、加盟等方式，在农村发展现代流通业。积极发展农产品、农业生产资料和消费品连锁经营，建立以集中采购、统一配送为核心的新型营销体系，改善农村市场环境。继续实施“万村千乡市场工程”，建设连锁化“农家店”。培育和发展农村经纪人队伍。

②稳定发展粮食生产。确保国家粮食安全是保持国民经济平稳较快增长和社会稳定的重要基础。必须坚持立足国内实现粮食基本自给的方针，稳定发展粮食生产，持续增加种粮收益，不断提高生产能力，适度利用国际市场，积极保持供求平衡。坚决落实最严格的耕地保护制度，切实保护基本农田，保护农民的土地承包经营权。继续实施优质粮食产业工程和粮食丰产科技工程，加快建设大型商品粮生产基地和粮食产业带，稳定粮食播种面积，不断提高粮食单产、品质和生产效益。坚持和完善重点粮食品种最低收购价政策，保持合理的粮价水平，加强农业生产资料价格调控，保护种粮农民利益。继续执行对粮食主产县的奖励政策，增加中央财政对粮食主产县

的奖励资金。

(3)现代农业发展的几种模式

1)都市农业

都市农业是依托城市、服务城市、与城市的需求相适应的新型现代农业模式。它具有为城市提供高端农产品的生产功能,还拥有为城市市民提供各种观光、休闲、旅游、度假、体验等生活服务的功能。都市农业是将农业的生产、生活和生态等功能结合为一体的新模式。

2)绿色农业

绿色农业是运用先进科学技术、先进工业装备和先进管理理念,以促进农产品安全、生态安全、资源安全和提高农业综合经济效益的协调统一为目标,以倡导农产品标准化为手段,推动社会和经济全面、协调、可持续发展的农业发展新模式。绿色农业所生产的产品是质量安全的农产品。近年来,国际国内对农产品的高质量、高品位、优品种和无毒无害无污染的要求,决定了中国农业必须走绿色农业的发展道路。

3)观光农业

观光农业是一种以农业和农村为载体的把观光旅游与农业生产结合在一起的新兴产业。它在我国主要有以下5种发展类型:

①观光农园。它是在城市近郊或风景区附近开辟特色果园、花圃、茶园、菜园,让游客在园内摘果、赏花、采茶、种菜,享受田园乐趣。这是最普遍的一种形式。在牧

区还有观光牧场。

②农业公园。它是按照公园的经营思路，把农业生产场所、农产品消费场所和休闲旅游场所结合为一体的形式。

③教育农园。它是兼顾农业生产与科普教育功能的一种农业生产经营形式。

④森林公园。它是以森林自然环境为依托，具有优美的景色和科学教育、游览休息价值，为人们提供休憩、疗养、文化娱乐和科学研究等的特定场所。

⑤民俗观光村。它是集休憩、疗养和感知、体验我国各民族风土民情于一体的形式。

目前我国观光农业旅游项目主要分布在北京、上海、广州等大城市的近郊，其中以珠江三角洲地区最为发达。

4）生态农业

生态农业是在保护、改善农业生态环境的前提下，遵循生态学和生态经济学的基本规律，运用系统工程的方法和现代科学技术，采取集约化经营，实现经济、生态、社会效益统一的农业发展新模式。

（二）循环农业与可持续发展

1. 加快发展循环农业

循环农业的核心是运用可持续发展思想、循环经济理论与产业链条延伸的理念，重点抓好“节约、保护、利用、拓展”4个环节，实现农业由单向式资源利用向循环梯级利用、粗放高耗型向集约高效型转变，拓展和延伸农业产业链条，推进农业生产清洁化、农村废弃物资源化。

发展循环农业的具体做法有以下几种：

①推广应用节约型农业技术，改变不合理的生产方式，减少化肥、农药的过度使用，解决农业生产过程中造成的面源污染，实现清洁生产。推进农作物秸秆、农村生活垃圾和污水、畜禽粪便等废弃物的循环利用，解决农村脏乱差，营造生态家园。优化农业产业结构，合理配置农业生产要素，提高资源利用效率。确立新理念，用循环农业的思路指导农业生产，优化配置资源，提高资源的利用率，建立有利于节约资源和保护环境的生产和生活方式。转变农业增长方式，建设优质、高效、高产和生态安全的现代农业。

②大力发展生物质产业，加快推进农村沼气建设，开展秸秆能源化、饲料化、肥料化等综合利用。因地制宜，适度发展甜高粱、甘薯、木薯等能源作物。围绕垃圾、污水收集处理和水、电、气综合维护，大力发展乡村服务业，壮大集体经济，增加农民就业。

③加强耕地资源的保育，保护和改善耕地质量；加强草原生态建设保护；保护渔业资源，实现重要渔业资源的恢复与增值。加强农业野生植物资源保护和利用，防治外来生物入侵。

2. 调整农业产业结构，实现农业的可持续发展

农业可持续发展是我国社会经济可持续发展的重要

组成部分，是21世纪中国农业发展的必然选择。我国目前的国情是：人多地少，人均资源相对紧缺，地区发展不平衡，经济技术基础相对薄弱；虽然近年来农业生产力水平明显提高，但开发与治理不够协调，导致农业生态环境恶化加重，人口的增长给农业带来的压力不断增大。现实情况决定了中国农业必须走资源节约、生产集约高效、保护环境的可持续发展道路。

(1)积极推进农业结构调整

按照高产、优质、高效、生态、安全的要求，调整优化农业结构。其一，加快建设优势农产品产业带，积极发展特色农业、绿色农业和生态农业；保护农产品知名品牌，培育壮大主导产业；继续实施种子工程。其二，大力发展畜牧业，扩大畜禽良种补贴规模，推广健康养殖方式；安排专项投入支持标准化畜禽养殖小区建设试点；采取能够适应饲草供需形势的土地控制体系，推广其他国际成熟技术的范例，引进适宜技术，改进畜禽饲养方式；因地制宜开发经济和环境效益较低的其他草地利用方式，如森林、自然保护区、生态旅游等；加强动物疫病特别是禽流感等重大疫病防控的基础设施建设，完善突发疫情应急机制；加快推进兽医管理体制改革，稳定基层兽医队伍。其三，积极发展水产业，扩大优质水产品养殖；发展远洋渔业；发展水产品加工业；保护渔业资源；继续实施休渔、禁渔制度，做好渔民转产转业工作。其四，提高农产品国际竞争力，扩大园艺、畜牧、水产等优势农产品出口；加强农产品对外贸易磋商，提高我国农业应对国际贸易争端的能力。

(2)优化农业区域布局

农业发展不应以牺牲环境作为代价，应当持续利用黄淮海平原、长江中下游平原、东北平原和黄土高原的自然资源，提高粮食综合生产能力。降低耕作强度，通过更完善的增加植被覆盖与作物残留秸秆相结合的措施保护土壤。采取更为综合的自然资源管理战略，在缺水地区发展旱作节水农业，在红壤丘陵地区继续进行退田还湖，并为因退田还湖而失去住房和生活来源的人们提供住房和就业机会。恢复河流和湖泊的生态功能。增加旅游业的发展机会。充分利用季节性洪水带来的经济机遇而发展农作物生产、畜牧业和水产业的技术研发和试验。积极推广废弃物综合利用技术和可再生能源开发利用技术。大力发展节地、节水、节肥、节药、节种的节约型农业，推广滴灌、喷灌、管灌等农业节水技术，鼓励发展日光温室、联栋温室、大棚、养殖小区、规模化养殖场等设施农业。

(三)农业生产经营体制与农民专业合作经济组织

1. 因地制宜发展统分结合的双层经营体制

《中华人民共和国农业法》对农业生产经营体制做出明确规定，集体所有的土地依照法律属于村农民集体所有，由村农业集体经济组织或者村民委员会经营、管理；已经属于乡（镇）农民集体经济组织所有的，可以属于乡（镇）农民集体所有。村农民集体所有的土地已经分别属于村内两个以上农业集体经济组织所有的，可以属于各农业集体经济组织的农民集体所有。集体所有的或者国家所有由农村集体经济组织使用的土地、山岭、草原、荒地、滩涂、水面可以由个人或者集体承包从事农业生产。国有和集体所有的宜林荒山荒地可以由个人或者集体承包造林。通过签订合同约定双方的权利和义务。国家保护农民和农业生产经营组织的合法财产不受侵犯。

社会主义新农村建设需要在不断完善家庭承包经营的基础上，加强集体层次经营，以增加集体积累、壮大农村集体经济。通过因地制宜发展多种形式的集体经济，增强农村集体经济的实力，强化集体服务的力量。可以针对不同区域的特点采取不同的生产经营体制，在山区和半山区，实行以家庭专业户为主的经营体制；在城市郊区和平原地区，实行一定规模的大型现代农业企业的模式，同时提倡发展集体经济联合体。

2. 多种形式的合作经济组织并存

农民专业合作经济组织是农民自愿参加的，以农户经营为基础，以某一产业或产品为纽带，以增加成员收入为目的，实行资金、技术、生产、购销、加工等互助合作的经济组织。农民专业合作经济组织在农业产业化经营中的作用十分明显。其主要功能有：一是按照国家产业政策，组织成员进行生产与销售，促使农业生产由行政管理过渡到由合作经济组织协调管理；二是根据国家产业规划以及市场信息，组织和协调农户进行专业化生产；三是根据市场需求和农民意愿，把分散的专业户、专业村，通过专业合作组织起来，参与市场竞争；四是在经济发达地区，通过各类合作经济组织，直接组织农村劳动力有序地流动到第二产业、第三产业，实现农业规模经营。农民专业合作经济组织向农户提供产前、产中、产后的有效服务，成为实施农业产业化经营、维系农业产业化链条稳固延伸必不可少的手段。

农民专业合作经济组织的形式多种多样。按照地区经济发展情况的不同，有以下3种类型：

①农民专业合作社。它是在农村家庭承包经营基础上，同类农产品的生产经营者或农业生产经营服务的提供者、利用者，自愿联合、民主管理的互助性经济组织。农民专业合作社是按照《中华人民共和国农民专业合作社法》操作运行的新型法人组织，内部制度健全，管理规范，并且没有改变家庭联产承包责任制的性质。农民专业合作社的建立有助于农户家庭生产经营目标的实现，有助于为农户提供更多、更好的生产性服务，促进家庭生产经营的发展。

②股份合作制企业。它是在合作制基础上实行股份制的一种合作经济组织。基本特点是实行劳动联合与资本联合相结合、按劳分配与按股分红相结合。资本在企

业的生产经营活动和收益分配中，占有比较重要的地位。目前我国农村在农产品加工、销售、运输、储藏、资源开发和农田水利建设等方面多采取这种形式。

③农村专业经济协会。它是从事农产品生产、加工和销售的市场经营主体，为维护和增进共同利益而成立的专业合作经济组织。其特点是：把一家一户的小生产联合起来，为农民的专业化生产提供产前、产中和产后服务，教育会员加强自律，负责协调协会的内外部关系。它的建立贯彻“入会自愿、退会自由”的原则，是在民政部门登记注册的社团组织，是政府与会员之间的桥梁，可以将会员的各种信息和诉求收集整理后理性地传递给政府，并将政府的农业政策传达给会员。农村专业经济协会在农产品的国际贸易活动中负责协调国内国际市场价格，还可以代表会员应对国外反倾销诉讼，抵制国外企业在我国倾销农产品的行为。

（四）农村集体经济与农村第二产业、第三产业发展

1. 新农村建设需要发展农村集体经济

农业产业化的基础是农业内部在区域分工、分业的前提下形成主导产业和产品，并不断延伸产业链条，完善社会化服务体系。在农业产业化过程中需要农村集体经济组织发挥积极的推动作用和主体的带动作用。在一般农业地区，村级集体经济组织可以组织农户（承包户）发

展农村第二产业、第三产业，延伸农业产业链条，推进农村城镇化，进而促进村级集体经济的发展壮大。

2. 实现农民增收致富是农村工作的核心

农村工作的首要和核心问题是实现农民增收致富。应该把发展农村第二产业、第三产业作为壮大农村集体经济、建设社会主义新农村、实现农民增收致富的有效手段。积极推进农村产业结构调整，加大农民就业基地建设力度，大力发展农产品加工业、农村服务业和劳动密集型企业，是壮大农村集体经济、实现农民增收致富的重要基础性工作，必须切实抓好，并抓出成效。

江苏省倡导农民自主创业，鼓励农民以投资者身份采取入股、合伙、独资等形式，发展符合当地特点和产业政策的农村第二产业、第三产业，有效地促进了农民的增收致富，也带动了农村集体经济的发展，进而实现了农村的繁荣。

发展农村第二产业、第三产业，不仅能够带动农民增收致富，壮大集体经济实力，更有助于培育新型农民。发展农村第二产业、第三产业，一方面在新引进项目上要坚持有所为有所不为的方针，发展环境友好型、资源节约型产业和循环经济；另一方面是在盘活存量上做文章，改变粗放经营、效率不高、用地不集约的陋习。具体做法：一是摸清家底，盘点核定村级集体资产。村级集体资产一般分为两大类即土地和非土地资产。土地包括全村的耕地、荒地、企业占地和村庄占地等；非土地资产包括村集体投资建设的设施或购置的设备。对这两类资产要逐一核实登记，建立村级集体资产台账。二是因地制宜，合理制订村级资产的有偿使用方案。明确机动地、荒地、果园林地、厂房设备、门面店铺等资产的承包方式；对工商企业占地、村内空闲地采取租赁方式；对直接为农民生产生活服务的农机具、供水设施等实行有偿使用的方式。三是公开公平收取资产有偿使用费。定期将使用方案、使用的户主、占用数量、应纳金额张榜公布，接受村民监督。

3. 拓宽融资渠道，合理利用贷款

帮助农民拓宽融资渠道，合理利用贷款资金发展产业，特别是发展农村第二产业、第三产业，意义十分重大。

（1）拓宽融资渠道，帮助农民进行农村房屋抵押贷款

贷款难一直是制约农民创业的瓶颈，而缺乏抵押担保又是农民贷款难的主要原因。江苏省新沂市农村合作银行出台的《关于开展农村“一权一房”抵（质）押贷款工作的试行意见》提出，农民可以用农村住房、土地承包经营权抵押申请贷款。为了降低银行风险，新沂市政府按照1∶7的比例，从财政预算中安排资金设立农村抵押贷款风险基金。一旦有农民无法偿还贷款，政府将启动风险基金来保障银行权益。当地的大学生村官可以通过协助农民办理《镇村规划证》、《集体土地使用证》，以及《农村房屋产权证》等，然后到市房管局对房屋进行评估，之后拿着《房产证》及其评估报告向市农村合作银行申请贷款。在办理抵押手续后，农民即可获得期限不超过5年、额度不超过农村房屋评估价值60%的抵押贷款，用银行贷款发展产业。

(2)鼓励农民参与申请“农村党员创业贷款”

为了解决农村党员特别是一些相对困难党员的创业资金短缺问题，一些地方的农村合作银行实行贷款利率优惠政策。对于年龄在60周岁以下的农村党员，贷款用于创业中的生产经营活动的都可以申请贷款。银行按照一次授信、随用随贷、循环使用的方式发放贷款；在利率方面，对于从事农林牧渔等农业生产的贷款、扶贫创业贴息贷款，原则上按照基准利率执行；对于从事其他行业的贷款，利率也是优惠于其它同类型同条件的项目贷款利率，但贷款利率的最高上浮幅度不得超过基准利率的50%。贷款的最高授信额度为10万元。大学生村官应当积极宣传、组织符合条件的农村党员申请此类贷款，以解决在发展经济中的资金不足问题。

(3)利用小额贷款扶持农村青年创业

大学生村官应当掌握所在省(市、区)农村贷款政策，引导农村青年通过自主创业实现就业、带动就业，帮助解决农村青年创业资金不足、资金筹措困难、缺乏对金融机构信贷政策的了解等难题，培育扶持一批农村青年成为创业带头人，特别是应该扶优扶强“青字号”农村创业经济组织，促进广大农村青年增收致富、创业创新。

(4)引导农民发展资金互助合作组织和吸引社会资本参与农村第二产业、第三产业发展

银行、金融机构的信贷支持是农村经济发展的关键。

此外，还应充分发挥农民和社会资本在农村经济建设中的作用。要建立有利于引导农民发展资金互助合作组织和吸引社会资本发展农村经济的机制，组织动员农民在自愿的基础上，按照农民专业合作社的模式发展资金互助社，聚集农民的闲散资金，发展农村第二产业、第三产业。同时，要鼓励各种社会资本参与新农村建设，特别是发展农村第二产业、第三产业，繁荣农村经济。

4. 输出劳动力，引回生产力

农村劳动力接受培训后外出务工，利用在外学到的管理经验和技术，回到农村创办工商企业，是“工业反哺农业、城市支持农村”的具体表现，契合了经济社会发展客观规律。

(1)开展农村劳动力转移培训，输出高质量的劳动力

大学生村官要把农村劳动力作为第一资源来开发，把劳务经济作为农村“第一经济”来发展。要输出劳动力实现转移就业，关键在于加强对转移农民的就业前培训。由于农民文化水平低、专业技能差，以及组织化程度不高等原因，农民外出务工普遍存在盲目性和不稳定性。要改变这一状况，输出高质量的劳动力，需要建立和完善农村劳动力资源信息、培训和输出服务系统，建立培训补助、输出奖励、权益保障等制度。

大学生村官参与农村劳动力转移培训，要做好以下两方面的工作：

一是着重在提高农民文化水平和专业技能上下功

夫。可以根据用人单位需求采取“订单式”培训模式，用人单位派教师进行“菜单式”教学，培训考试合格后实行“定向式”输出。不断拓展劳务输出渠道，在京津地区、“长三角”、“珠三角”以及一些大、中城市建立劳务接收基地；在县、乡（镇）建立劳务输出基地，成立劳务中介公司，采取政府引导、中介服务、职校推荐等多种方式，组织劳务输出。

二是努力提高技能培训质量。从各省的培训经验看，走的都是以品牌开拓劳务市场的道路。可以采取“培训基地＋用工单位”、“劳务公司＋用工单位”等形式，运用商品化包装、市场化营销等手段，打造劳务服务的品牌。

(2)构建发展生产、返乡创业的平台

建设新农村面临的最大困难是缺少资金、缺少人才。农民工返乡创业，促使资金、技术、信息、人才等流向农村，为新农村建设注入了新的活力。

农民工返乡创业大致可分为以下4种模式。一是基本生存型创业模式。即返乡农民工回乡，开设家庭小工厂、小作坊、小卖店、小餐馆等，这类创业对技术、资金和管理要求不高，简便易行，便于解决自己的生存问题。二是政策引导下产业带动型创业模式。如江西这些年培育的“十大回乡创业品牌”，成为深受地方产业发展影响和地区发展优势作用的系列品牌。三是打工转型的创业模式。创业者给家乡带回技术，带回管理经验，带回市场客户和订单，创业影响面广，成功率高。四是“能人＋返乡创业互助组”创业模式。如江西宜春的茵宝制衣厂的创业者，就是回乡创业带动家乡群众一起致富的。

农村各级政府不断完善返乡创业绿色通道和激励政策，构建农民工返乡创业平台，发展返乡创业经济。大学生村官应及时了解这方面的政策、信息，以应对和解决出现的新问题。具体的政策措施有：一是政府组织实施的农民工“返乡创业工程”。设立返乡创业培训专项资金，让返乡创业的农民工接受法律法规和现代经营管理知识培训，挖掘和推出百姓身边的先进创业典型，利用各种新闻媒体和宣讲团，集中宣传创业经验和切身体会，让农民工尽快具备创办企业的素质和能力。二是全方位扶持农民工返乡创业。农民工返乡创业创建中小企业，最突出的困难是资金短缺。应加快农村金融改革步伐，对农民工返乡创业给予信贷倾斜；多渠道开拓农民工创业融资方式，降低融资成本，积极鼓励民间资本以股份合作方式参与农民工返乡创业。三是支持和鼓励创业带头人领办农民专业合作经济组织。建立专业合作社，引导农民自愿加入，自我管理、增强整体实力和抗御市场风险的能力。组织农村创业带头人到外地大型企业考察学习，开拓他们的视野，提高做大、做强合作经济组织的能力。四是完善社会保障和法律维权体系，解决农民工回乡创业的后顾之忧。特别是要为返乡创业的农民工的家人生活、孩子上学创造良好条件。

(五)村庄规划与环境建设

1. 政府引导,依靠群众,先行制定村庄规划

村庄环境是经济发展的前提条件,是乡风文明的载体。加强村庄规划和人居环境治理,是新农村建设的重要内容,是缩小城乡差距的有效途径。要结合本地区实际,坚持以人为本的科学发展观,遵循统一规划、合理布局,节约土地、集约发展,因地制宜、突出特色,政府引导、依靠群众,试点示范、逐步推进的原则,实现经济效益、社会效益和环境效益的统一。

村庄规划包括村庄总体规划和村庄建设规划。县级人民政府编制的县域规划,对本行政区域内的村庄的总体格局做出安排,报设区的市人民政府批准后公布实施。村庄总体规划在县级建设行政主管部门的指导下,由乡(镇)人民政府依据县域规划组织编制,提交乡(镇)人民代表大会审议同意,报县级人民政府批准后公布实施。村庄总体规划的主要内容包括:乡(镇)行政区域内的村庄布点,村庄规模和发展方向,村庄和村民住宅的总体风格,村庄的道路交通、供水、排水、供电、通信、绿化、产业和教育、卫生、体育、文化、广播电视等设施的配置。村庄建设规划的主要内容包括:住宅布局和建筑风格,道路走向、宽度,养殖和加工等产业发展用地,供水、排水、供电、通信及其

他工程管线和绿化、环境卫生等生产生活设施的具体安排，本村企业和教育、卫生、体育、文化等各项建设用地的布局和规模。村庄总体规划的年限一般为20年，村庄建设规划的年限一般为10年。目前，经济发展水平中等或者较差、经济收入和人均收入较低、基础设施建设落后的村庄数量众多。因此，村庄规划应切合实际，不应把转换居住方式即上楼居住当作村庄建设的成就性标志，不得对公用基础设施建设规模过分超前（超标）设计，村庄规划不宜搞“一刀切”。

村庄建设规划的程序如图3-2所示。

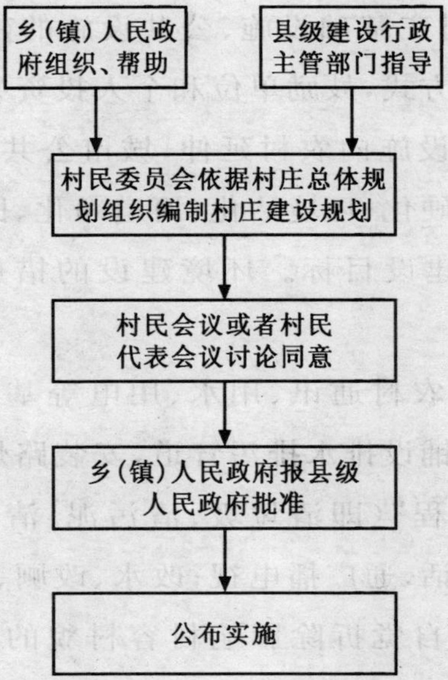

图3-2 村庄建设规划工作流程图

2.创新村庄整治模式,促进生态保护和环境建设

村民委员会负责组织村庄建设规划的实施和管理工作。针对各地农村的差异,在实施过程中,切忌刮风、搞形式主义,也不能“扒房子”、搞整齐划一,必须村民自愿。在用水严重短缺、地质灾害易发、地下采空等不适宜人居地区的村庄和农户,县、乡(镇)人民政府应当按照规划,有计划地实施搬迁,集中建设新村或者迁入其他村庄。对有一定保护价值,如存在古民居、古祠堂和纪念性建筑等文化遗产的村庄,应当进行重点保护和修缮,新建建筑应当与原有建筑风格相协调。各级政府应当安排各项专用资金,用于村庄基础设施、公共设施的建设,并通过合理收取费用的方式,鼓励单位和个人投资兴建公共设施。加快城市基础设施向农村延伸,城市公共服务向农村覆盖,实现“道路硬化、环境洁化、河道净化、民居美化、村庄绿化”的环境建设目标。环境建设的措施有以下 6 个方面:

①从解决农村通讯、用水、用电等基础设施建设入手,修建公路,铺设排水排污管道,安装路灯等。实施“三清五通五改工程”(即清垃圾、清污泥、清路障;通水、通路、通电、通电话、通广播电视;改水、改厕、改路、改圈、改房),引导农民自觉拆除影响村容村貌的破旧房子和圈舍,主动进行房前屋后的绿化美化建设。

②制定村庄环境卫生管理公约、环境卫生保洁运行

管理制度，组建村庄卫生保洁队伍，配备环卫工具。一是筹措保洁资金。根据各地经济发展水平的不同按人均标准征收农村垃圾处理费，市、县财政给予补助。二是在固定地点设立垃圾收集容器。三是探索垃圾处理的有效模式。地理位置较偏僻的地区，采用“村收集、乡清运、中心镇处理”的模式；交通不便的边远地区、山区以中心村为单元，实行“统一收集、就地分类、综合处理”的模式；住户分散的村庄可推行农家堆肥方式，实现垃圾资源化利用。也可以通过招投标的方式包给个体户或公司运营商经营无害化垃圾处理。

③加快太阳能、沼气、秸秆气化、生物质能等新能源的开发利用和推广。推广使用有机肥，对农田实行保护性耕作，减少因焚烧秸秆造成的环境污染，提高空气质量。

④完成安全饮水工程，让农村村民尽快喝上安全、卫生的饮用水。

⑤实施公路绿化、水源涵养林建设等绿化造林工程。

⑥注重对矿山生态治理及植被修复，提升农村环境建设的整体水平。

在环境建设中值得借鉴的经验有：陕西省由村民委员会组织村民在宅旁、路旁、水旁、村旁植树造林，营造良好的人居环境；北京市延庆县延庆镇适应山区特点，39个行政村实施“果树绿化村庄”行动，打造果园式村庄，在农户的房前、屋后种植枣树、海棠、山楂、苹果、梨、李子等，院落成了“百果园”，既绿化美化了环境，又给农民带来了可观的经济效益。

村庄治理与环境建设应本着自力更生、就地取材、厉行节约、多办实事的原则，节地、节能、节材、节水，力求做到不推山、不填塘、不砍树，节约利用土地资源。

四、发展农村文化，营造文明乡风

改革开放30多年来，在党的富民政策指引下，农民的生活逐渐从温饱向小康迈进。与此同时，农民对精神生活的需求越来越多，按照社会主义新农村建设二十字方针，要在搞好物质文明建设的同时，重视精神文明建设和政治文明建设。大力发展农村文化，是促进农村精神文明建设的一条重要途径。

(一)农村文化与文明乡风

“文化”既是指人类在长期的活动中积累的精神财富，又是指人们学习运用文字的能力及一般知识。这里所说的农村文化即包括了这两种含义。农民通过文化知识的学习或接受先进文化的熏陶，提高自身文化水平，养成健康、文明的生活方式，从而促进社会主义精神文明建设，形成文明乡风。

“乡风文明”是指良好的社会风气在农村的反映。它通过农民的言行举止、村庄环境变化等反映出来。新农村建设的二十字方针包含了物质文明、精神文明和政治文明的内容，是三个文明的共同发展。乡风文明是农村文化的一种状态，是一种有别于城市文化、农村传统文化的新型乡村文化，其本质是推进农民的知识化、文明化、现代化，实现其全面发展。

1.加强农村文化建设是实现乡风文明的重要途径

改革开放以来，农民的生活水平逐步提高，绝大多数农民解决了温饱问题，相当一部分人走上了富裕之路。然而，解决温饱或实现富裕并不等于建成了社会主义新农村，精神文明建设还有待进一步加强。这是因为，农民生活富裕起来了，而精神生活却很贫乏。调查显示，农民对“乡风文明”的关注程度明显低于对“生产发展”和“生活宽裕”的关注。农民的精神生活单调，除了看电视另一个主要的文化活动就是打牌。农村打牌赌博现象相当普遍。“亲朋好友一大坨，放完鞭炮就摆桌，麻将扑克掷骰子，不像贺喜像赌窝。”这是对农村红白喜事打牌赌博的生动描绘，也是农村不良风气的一个缩影。还有极少数人不务正业，以打牌赌博为生，因打牌赌博致贫、引起家庭矛盾和社会治安问题的现象时有发生。一些地区的封建迷信、黄赌毒现象，严重毒害了人们的心灵，影响了文明乡风的形成。这一方面是因为文化基础设施落后，难以满足农民的精神需求。另一方面，有的地方领导对农村文化建设重视不够，存在“锣鼓响不响，庄稼照样长；不抓经济没政绩，不抓文化没问题”的认识误区也是主要原因。农村文化是广大农民在长期的社会实践中创造出来的精神财富。加强农村文化建设，有助于丰富农民的业余生活，提高农民的文化素质，形成文明的乡风是必须要抓的一项工程。据《伊犁日报》的一篇报道，裕民县新地乡以社会主义新农村建设为契机，在全乡范围内开展了“我参与，我快乐”为主题的文体活动，调动了广大农民参与文化活动的积极性，目前在新地乡，打架斗殴、酗酒赌博、封建迷信的事少了，文明健康、积极上进、倡导科学的事多了，从而在全乡范围内形成了健康文明的新气象。

2. 农村文化建设是化解农村矛盾、促进社会和谐发展的“稳定器”

人们常说“知书达理”。很多农民由于文化水平低，不懂法，遇事不知怎样去解决，往往因为一点小事，就大动干戈，小到邻里之间不和，大到闹出人命。开展农村文化活动，使农民既能增长知识，又能丰富业余生活，形成令人欢欣鼓舞的农村祥和安乐的景象。如山东省胶南检察院开展的“阳光服务”普法大篷车进农家活动，深受当地广大农民的欢迎。据村民讲，自检察院的“阳光服务”普法大篷车离开后，村民们就把普法宣传材料带回家里学，全家老小学法的热情可高了，现在出现纠纷和矛盾，大家再不会像“烟火点爆竹”——一碰就着了，而是学会平心静气地靠讲法说理来维权和解决问题了。

（二）农村文化的特点

农村文化除具有一般文化的特点外，还具有自己的特点和规律。

1. 广泛性

一项农村文化活动的开展，其覆盖的范围、参与的人数往往是其他文化活动无法比拟的。在文化活动开展好的地区，农民参与的热情都非常高。如甘肃省平凉市开展的 2008 年度文化、科技、卫生“三下乡”活动——“农村和谐文化建设大集”，在崇信县黄寨乡隆重举行，来自周边四里八乡的上万名群众都到这里赶文化大集，场面非常壮观，影响十分广泛。

2. 双重性

双重性是指在农村文化活动的大舞台上，农民既是演员又是观众。在我国农村的很多地区，农民们自发地组织一些文化活动，为其他农民提供各种形式的文化活动。如湖北省安陆市的农村文化活动搞得非常好。他们以创建省级文化先进市为契机，积极促进农村文化建设。他们对于农民自己组建的文艺宣传队给予各方面支持，让这支宣传队为各村的乡亲们提供丰富多彩的“精神食粮”。

3. 传统性

农村在传统文化继承、发扬方面优于城市。在很多农村地区，依然保留着一些本地区的传统文化。农民对传统文化感情至深，这些传统文化仍然可以在新的历史时期发挥丰富农民业余生活、建设良好乡风的作用。如农历二月初二，是我国广大农村重要的传统节日。此时，春节刚过，田间农事活动即将开始，故“二月二”又称“龙头节”、“青龙节”等，在南方叫“踏青节”，古称“挑菜节”。

农谚曰：“二月二，龙抬头，大仓满，小仓流。”“二月二，龙抬头，大家小户使耕牛”。

4. 乡土性

农村文化的根在农村。农村和城市相比，具有自己的特色——乡土性。农村文化也表现出很强的乡土气息。特别是在那些偏远地区，和外界接触有限，所以受到外来文化的“侵袭”较少，因而使得农村文化充满了更多的乡土气息。如在赵德发的作品中，就展现了鲁西南地区农村文化的浓郁特色。“踅谷仓”是农民在二月二的传统节目。人们用草灰在地上画出一环又一环大大的圆圈，意在祈求来年粮食满囤、五谷丰登，表明了这个节日在以“土地”为生的农民心目中的地位。另外，反映农村的文化作品，必须带有乡土气息，这样才能受到农民的欢迎，这样的作品才能让人感到真实。

5. 差异性

农村文化的差异性表现在两个方面。一是地域的差异性。中国各地的农村文化具有很大的差异，所谓“百里不同风，十里不同俗”。据财政部教科文司与华中师范大学联合课题组于 2006 年对东、中、西部农村的实地考察，当代中国农村文化体现在地缘结构上仍然具有一定的封闭性，即不同地域的农村文化差异很大，地域文化特色往往与当地的方言、风俗习惯、宗教信仰等紧密结合在一起而成为一种文化的系统结构，具有较强的稳定性。不同地域的农民很难融入其他地区的文化体系中去。例如，各地方戏曲都具有相对稳定的观众群体。这种地域文化的差异性在一定范围内造成了农村文化在地缘结构上的相对封闭性。二是文化需求的差异性。农民群体是一个庞大的群体，根据年龄、文化程度、宗教信仰等标准又可分为不同的次级群体，不同的次级群体有着自己的文化需求，他们很难融合到别的群体中去。

(三)农村文化的载体与形式

1. 农村文化的载体

常见的农村文化载体大致有以下 7 种：

①广播、电视、报刊、网络等媒体。广播、电视、报刊、网络等媒体现在已成为农村了解外界信息的主要渠道。这些快捷的媒体能够将最新的各种信息传递到农民那里，对于改变农民的生产、生活方式，其作用越来越大，特别是对年轻农民影响更大。

网络在农村已开始发挥作用。在经济发达的农村，有的农民已经学会坐在家中上网看新闻、查资料、销售商品等。如北京市房山区长沟镇利用镇局域网，在 18 个村开通了数字图书广播，使农民坐在家中就能听到万部书的内容。由农业部于 2004 年 4 月建立的中国农村劳动力转移培训网(http://www.nmpx.gov.cn)是面向农民的综合性政府网站，发布相关方针政策以及转移培训的有关信息。中国农村远程教育网(http://www.ngx.

net. cn/)是全国农业广播电视学校开设的农村远程教育网，包括信息发布、电子校务和在线培训等，由农业部农民科技教育培训中心、中央农业广播电视学校共同承办。

②科技培训直通车。“科技培训直通车”是由农民教育培训机构以巡回课堂的形式，进村入户直接为农民提供教育培训、科学普及、技术推广和信息传播服务，提高政策、技术和信息到户率，通过提升农民素质增强农民自我发展能力的一种农村科技文化传播载体。“科技培训直通车”是将优质教育培训媒体资源同本地培训教师相结合，把培训设备、媒体资源和培训教师整合为“巡回培训课堂”，直接深入乡村和农户，就地就近开展农民教育培训。如在陕西省西安市农机监理和推广总站的院子里，停放着一台由南京依维柯改装而成的多媒体直通车，主要用来对农机手进行流动培训。自启动到2010年“三夏”共开展培训13期，培训农机操作人员近600名，走村入户行驶5 000多公里进行农机安全操作、秸秆综合利用知识及农机政策法规等培训、宣传40余次，发放宣传材料3 000余份，接受科技培训2 500人，大大提高了农机人员的素质。

③农民科技书屋。为解决农民买不起书、买不到书和缺乏学习场所等困难，提高农民科技文化素质，农业部自2003年起，在西部地区12个省和湘西、恩施两个自治州以及西柏坡、井冈山、延安、瑞金、遵义等革命老区开始建设农民科技书屋。农业部向每个农民科技书屋无偿配

送价值5 000元的图书和光盘资料。农民科技书屋的建立，为农民提高科技文化水平提供了有利的条件，受到了群众的欢迎和好评，目前已覆盖全国31个省、市、自治区。

④文化大院。农村文化大院是指在农村设立的融文化艺术、学习教育、科学普及为一体的农村文化阵地，具有一定的文化设施和文化管理队伍。农村文化大院建设的目的是丰富农民的文化生活，提高农民的文化素质。文化大院作为设置在村里的农民文化活动场所，其大小可根据村里的实力、村民人数的多少确定。文化大院室内一般包括图书室、期刊阅览室、老年活动室。条件好的村文化大院还包括电脑室、数字影院放映室等。室外一般都建有体育活动场所，有的还配备一定数量的健身器材，一般设有专人负责。目前在全国农村的许多村，都相继建立了文化大院。农村文化大院的建立，已经成为农村文化宣传的主要阵地，它丰富了农民的业余文化生活，满足了农民对精神文化的需求，成为农民寻求精神食粮的好去处，是农民的精神家园。如大庆市杜尔伯特县在推进社会主义新农村建设中，顺应农民求知、求文、求乐、求美的愿望，坚持以科学发展观为统领，按照既鼓农民的“钱袋”又富农民的“脑袋”的思路，围绕完善文化设施、强化活动载体、健全保障机制三条主线，统筹文化资源配置，构建文化服务网络，重点建设集电化教育室、体育活动室、游戏娱乐室、图书阅览室于一体的村级文化大院，

为农民参加文化活动提供场所、搭建平台，形成独具一格的“大院文化”，吸引和方便农民参与文化活动。在这个县活跃的文化大院种类繁多，文学社、同乐会、二人转、蒙古书、民间小剧团、农民秧歌队等达 60 多个，常年参加各种文化活动的群众达到 1 500 多人，每年直接受益的群众达 20 万人次。

廉政文化也是农村文化的一部分。2006 年，河北省唐海县建立了 13 个廉政文化大院，建有“两室”（廉政阅览室、廉政警示教育室）、“三廊”（廉政书法长廊、廉政漫画长廊、廉政故事长廊），每天吸引大量的农村干部、农民群众来此参观、学习。

⑤文艺演出队。在农村文化活动的舞台上，始终活跃着一支支以农民为主体的文艺演出队。这些演出队有的是由政府牵头组织，有的是由农民自发组织，他们利用自己的文艺才能，不仅为农民们带去了丰富多彩的文艺节目，还宣传了党的方针、政策。由于节目是他们自编自演的，而且往往都是取自当地的素材，所以深受农民们欢迎。如河北省永年县农民文艺演出队经常深入基层，自编自演群众喜闻乐见的、有教育意义的文艺节目，不仅丰富了农民的文化生活，也为加快新农村建设起到了积极的推动作用。演员们用戏曲、歌曲、相声、小品等通俗易懂、喜闻乐见的形式，宣传《计划生育法》、《土地法》等与农民相关的国家政策法规、反映新农村建设带来的新变化等。他们说出了老百姓的心里话，乡亲们高兴地拍手

连声叫好。如今在永年，像这样的农民文艺宣传队有 20 支，为农村精神文明建设注入了新的活力。

⑥体育健身队。各种体育健身队的建立，为农民的休闲健身提供了平台。通过参加健身队的活动，农民既锻炼了身体，又增进了相互之间的交流，还促进了文明乡风的形成，使农民们闲暇时间不再整天泡在麻将桌前，而是积极参加各种体育健身活动。如新疆维吾尔自治区伊犁州裕民县农村的一位 65 岁的老人曾经这样说："以前我最喜欢打麻将了，有时一打就是五六个小时，身体状况越来越差。自从参加了健身队，跑跑步、打打拳，我觉得生活充实多了，睡眠质量高了，脸色也好了，感觉年轻了许多。"

⑦乡（村）成人文化技术学校。乡（村）成人文化技术学校是开展农村教育的重要阵地，是农村宣传党的方针政策、普及科学文化知识、破除封建迷信、加强精神文明建设、构建农民终身教育体系、促进学习型社会建设的重要基地，是农村劳动者接受教育、培训的重要场所。在乡（村）成人文化技术学校里，农民们不仅可以学到文化知识，还可以接受各种职业培训、健康教育、老年教育等。如北京市房山区长沟镇下辖 18 个行政村，每个村都建立了村成人文化技术学校，统一归镇成人文化技术学校管理，经常开展一些文体活动。

除此之外，各地农村还结合当地的实际情况，不断创新农村文化的载体。如浙江省慈溪市崇寿镇 2007 年 7

月开设了“村民讲坛”，围绕倡导新风尚、树立新风气、传授新技术、拓展致富路、知法规讲道德、懂礼仪明事理等主题，请村民担任主讲人，说身边人，讲身边事，用一件件具体的小事情让听讲人明白一个个大道理，使村民的思想道德水平得到逐步提高。这个讲坛开设4个月来，有20多位村民要求担任主讲人，效果很好。还有湖北省南漳县成立了“农村文化合作社”，只要是拥有乐器、具有文化特长，又愿意参加的人，就可以加入合作社。这种合作演出的方式得到了县委宣传部的高度重视，并采取了政府引导、文化中心指导、农民参与、农民自我管理的方式，使农村“文化合作社”这种载体不断发展壮大。

2.农村文化的形式

农村文化在长期的发展过程中，逐渐形成了适合农民需求、特色鲜明、丰富多彩的有效形式。

(1)建立农村“文化户”、“文化村”

利用农村某些家庭或村的文化特长，建立“文化户”、“文化村”，发挥以点带面的作用，带动更多的农民参与文化活动，使他们在促进农村文化建设方面发挥积极的作用。如辽宁省东港市长安镇，以“文化户”的形式推动农村文化活动的开展。这些“文化户”有的是群众自发产生的，有的是文化站根据群众要求设立的，还有的是村民委员会、村民小组代表推荐确定的。“文化户”的活动多种多样，有的以健身舞、二人转、秧歌为主，有的则结合本地实际，因地制宜地编写、创作短小精悍的文艺作品，演给村民看。不同形式的“文化户”活动充实着农民的业余文化生活，成为促进邻里团结、家庭和睦的“连心锁”，成为提高村民文化素质和精神风貌的有力武器。

(2)举办文艺演出

文艺演出是一种深受农民欢迎的文化活动形式。通过一些专业或业余文艺团队的演出活动，为农民送上一道道精神文化“大餐”。演出中，寓教于乐，通过各种喜闻乐见的形式，向农民宣传党的方针、政策，帮助农民加深对这些方针、政策的理解。如北京市房山区长沟镇除了镇里有一支自发组织的文艺演出队——“释芳艺术团”以外，还积极邀请中国评剧团等艺术团体来镇里为村民演出，丰富农民的业余文化生活。文艺演出要有一个主题，如以迎奥运为主题举办一场晚会，演出形式可以采用单一或综合的形式，如全部采用歌曲的形式，或者在整场演出中有小品、相声、歌曲等，以满足不同群体的需求。

(3)组织体育竞赛活动

体育竞赛活动也是深受农民喜爱的一种文化活动。通过竞赛既展示个人的体能实力，又有利于培养人们团结协作、积极向上的精神。体育竞赛活动分为单项竞赛和综合项目竞赛两种。在村里，体育竞赛活动往往以单项竞赛活动项目为主，如现在很多村子里都建有篮球场，可以针对年轻人举办篮球赛。

(4)组织电影放映

电影是一种老少皆宜的文化形式，不论文化高低都能看得懂。在电影放映中，还可以穿插播放一些专题性的教育片。中共中央办公厅、国务院办公厅在2005年就下发了《关于进一步加强农村文化建设的意见》，其提出：继续实施农村电影数字化放映“2131”工程，重点做好配送电影流动放映车和电影拷贝工作，丰富农村电影片源。加强农村中小学爱国主义教育影片和农村科教影片的放映。采取定点、流动、录像放映等多种形式，积极探索农村电影放映的新方法、新模式，到2010年基本实现全国农村一村1个月放映一场电影的目标。加强农村影院的更新改造，增加农村电影固定放映点。推广电影数字放映技术，在农村逐步实现由胶片放映向数字放映的转变。

(5)开展文化建设工程

结合重点工作、重要时期有目的地集中开展一些农村文化建设工程，促进农村文化的建设。如江苏扬州的仪征市开展的“百村千场电影”放映活动；江苏省扬州市邗江区实施了以“百村万户农民读书工程”、“百场讲座进百村工程”和“百场影剧进村企工程”为主要内容的新农村文化建设“三百”工程；江苏扬州的江都市开展的“广场彩虹”活动，组织百场小品戏曲进百村巡回演出，大大丰富了农民的精神文化生活。

(6)张贴宣传标语、宣传画，充分利用黑板报和宣传橱窗等载体

宣传标语、宣传画在农村使用很普遍，集中反映所要宣传的内容，简明扼要，形象生动，效果非常好。可以利用村里主要街道的墙面制作宣传标语、宣传画，营造农村文化氛围。此外，黑板报和宣传橱窗也是农村文化宣传的一种好载体，一般采取图文并茂的形式，传播农村文化。如河北省唐海县五农场第七生产队新建的460米文化墙，通过标语、漫画等形式，宣传党在农村的各项方针政策和党纪条规知识，对广大农村干部和群众进行教育。

除此之外，农村文化的形式还可以采取举办专题报告会、搞专题知识竞赛、组织征文活动等，吸引广大农民积极参与农村文化建设，弘扬优秀农村文化，抵制不良文化的侵袭。

（四）农村文化骨干的发现与培养

在农村文化建设中，农村文化骨干的作用不可忽视，他们是促进农村文化发展的中坚力量。如吉林省长春市的“欢乐庄稼院”已经成为全国农村文化建设的典型。他们不单单做好“送”的环节，送广大群众最需要的文艺、科技、法律和健康，更重要的是“种”在农村。他们把“打造欢乐庄稼院”活动作为培育农村文艺人才的摇篮，注重发现和培养农村文化能人，开展“农村文化带头人培训工程”，整合市直和各县（市）剧团、文化馆（站）及有关方面的力量，与“欢乐庄稼院示范点”结成对子，定期开展专题、专项培训。2007年，就培训农村文艺人才1 200人。接着，在2008年长春市委办公厅和市政府联合下发的《关于合力共建农村文化阵地打造“欢乐庄稼院”的实施意见》中指出：要采取有效措施，稳定和发展专兼职结合的农村文化队伍，逐步提高队伍的整体素质。要充分发挥民间艺人、文化能人、农村文化经纪人在活跃农村文化生活、传承民族民间文化方面的作用，巩固农村文化建设的群众基础。所以，在农村文化的建设过程中，必须重视对农村文化骨干的发现和培养。

如何发现和培养农村文化骨干？最重要的手段就是通过走访等形式了解全村村民的基本情况，然后组织一些文化活动，动员那些有潜力的农民积极参加，在活动中发现他们的才能，之后就可以着力进行培养，使之成为农村文化的骨干力量。有些地区建立的农村文化户其实就是农村文化骨干的代表。发现具有潜能的农村文化人才只是第一步，关键是如何把这些人培养成骨干和中坚力量，使其在农村文化建设中发挥积极的带头作用。

1. 加强业务培训

业务培训是加强农村文化骨干培养的最主要途径。这些人具有某些方面的才能，或是能唱或是能跳，但是，他们中很多人没有受过专门训练，只是把文艺当作一种业余爱好，水平参差不齐。如果把他们当作骨干来培养，就必须提高他们的业务水平，即对他们开展业务培训。如湖北省安陆市对2 000余名文化艺人登记建档、开展培训，鼓励他们献计献艺，如今全市187个群众文化团体“拿起锄头能种田，放下锄头会演戏”。对于农村文化骨干的培训，可采取“请进来，送出去”的办法。“请”就是请一些专业人员来村里给予专门指导;“送”就是将骨干人员送出去进行专业培训。

2. 树立典型

人们常说“榜样的力量是无穷的”。对于农村文化骨干,要善于树立典型,以点带面,使其带动更多的人参与到农村文化建设中来。可采取精神奖励和物质奖励相结合的办法,对于农村文化骨干所付出的劳动给予适当奖励,如授予荣誉证书;还可以采取加大宣传力度的办法,使其不仅在本村,而且在临近村庄都能发挥示范作用,增强他们的荣誉感和责任感,强化其影响带动力。

3. 给予支持

农村文化骨干一般以兼职居多,通常是在业余时间从事文化活动,而且多数都属于自发性的。在这种情况下,特别需要得到政府部门的支持,包括政策上、经费上的支持。因此,政府主管部门要制定有效的支持政策,从多方面对其开展活动给予支持,促进其健康成长。

4. 发挥才干

在农村文化建设中,还要考虑发挥好农村文化骨干的聪明才智,使其在文化活动中起到带动作用。可以在对农村文化骨干登记的基础上,分门别类建立档案,组织什么活动选择什么样的人才,方便快捷地为农村文化骨干提供中介服务,使他们有效地人尽其才,为繁荣农村文化服务。

(五)开展健康有益的农村文化活动

多数农民由于文化水平低，对于落后文化缺乏抵制能力，特别是在文化活动开展得不好的地区，落后文化往往会乘虚而入，侵蚀人们的心灵。因此，必须抓住一切有利时机，大力开展健康有益的农村文化活动，用社会主义先进文化武装农民的头脑，使农民既“富口袋”也“富脑袋”，实现物质文明和精神文明的双丰收。

1. 抓好文化基础设施建设

文化基础设施建设是开展农村文化活动的首要物质基础。在我国农村的一些地方，由于对文化工作不重视，现有的文化基础设施满足不了农民的文化需求，成为制约农村文化发展的瓶颈。

2008 年中央 1 号文件提出，要深入实施广播电视村村通、农村电影放映、乡镇综合文化站和农民书屋工程，建设文化信息资源共享工程农村基层服务点。文件还提出，要引导和鼓励社会力量投入农村文化建设。为此，要多方筹集资金，加强文化基础设施建设，使农民在闲暇之余有满足文化需求的好去处。如北京市房山区长沟镇北正村，2007 年自筹 200 多万元资金，修建了大型文体活动广场，为村民的休闲、娱乐、健身提供了场所，深受村民的欢迎。

2. 采取寓教于乐的方式

只单纯采取说教的方式对农民开展教育，往往收效甚微，而且还容易引起农民的逆反心理。应该针对农民的特点，开展丰富多彩的文体活动，让农民在活动中接受教育。如浙江省余姚市祝家渡村的魏培元爱好乐器吹奏。在他的倡导下，该村成立了老年铜管乐队，10 位队员吹拉弹唱，经常编演一些具有教育意义的歌曲在村里演唱。魏培元编写的《八荣八耻要牢记》唱遍了祝家渡，产生了良好的影响。

3. 开展“文明户”评选活动

通过开展“文明户”评选活动，使农民践行社会主义荣辱观的意识不断增强，思想道德素质得到明显提高，精神面貌发生显著变化，为社会主义新农村建设注入了新的活力。在开展“文明户”的评选过程中，要制定评选标准，坚持好中选优、宁缺毋滥的原则，使评选出来的“文明户”真正起到示范作用。如甘肃省庆阳市什社乡的李岭村每年都在全村开展“十星级”文明户创建评选活动，取得了显著成绩，有效地激活了家庭这个精神文明的细胞，促进了全村精神文明建设。该村通过实行动态管理，使“文明户”始终有一种动力，时刻把自己的荣誉当作最高荣誉来看待，使创建活动成为全村良好风尚的“推进器”。

4. 注重学习型家庭建设

家庭是社会的细胞。如果每个家庭成员都养成自觉学习的好习惯，在家庭中形成一种积极向上的学习氛围，那么，就有利于在农村形成健康、文明的好风尚，进而使广大农民的素质得到很大的提高。事实上，各地农村先后开展了一系列学习型家庭建设活动，涌现出了一批先进典型。如上海市浦东新区唐镇在各村民委员会（居民委员会）开展创建学习型家庭活动，每个参建家庭都把学习作为人生乐趣。唐镇四村年过半百的丁惠兰，经过几年的学习，拿到了广播电视大学环境管理专业证书和上海理工大学行政管理专业证书。原本只有初中文化程度的她，如今已是一家公司的经理助理。她的丈夫和女儿也通过学习提高了水平，在单位独当一面。

5.满足多种文化需求

农民的文化程度有高有低，甚至还有文盲；不同年龄的人对文化的需求不同，年轻人喜欢流行歌曲，而老年人则偏好戏曲。因此要搞活农村文化活动，必须采取多种形式，满足不同群体的文化需求，吸引更多的人参与到农村文化建设中来。在农村文化活动中，应该调动老年人的积极性，发挥他们在促进“乡风文明”建设方面的作用。但是，也要想办法吸引更多的年轻人参与农村文化建设，这样才会使新农村建设充满活力。

作为大学生村官，在农村文化建设任重道远的情况下，要积极发挥自己的聪明才智，认真调查研究，以开展农村文化活动为突破口寻找搞好农村文化建设的有效途径，从而加快社会主义新农村建设的步伐。

五、加强普法教育，推进民主政治

在农村，加强普法教育，推进民主政治，是农村工作的重要方面。

(一)农村普法工作

1. 落实“五五”普法规划，提高村民法律意识

党和国家历来高度重视法制宣传教育工作。全国人大常委会在 2006 年 4 月 29 日作出了《关于加强法制宣传教育的决议》，提出从 2006 年到 2010 年在全体公民中组织实施法制宣传教育第五个五年规划。农民是普法的重点对象。要提高农民的法律意识，大学生村官的法律意识应率先提高。不要认为乡(镇)村事务是“粗活”，“知书懂法”不重要。大学生村官肩负着实现党中央制定的宏伟目标，带领农民致富奔小康的重任，需要通过各种途径、采取各种手段全方位地提高自己的法律意识，积极做好农村普法工作。在农村，普及法律知识主要有以下 5 种措施：

①组织开展法律宣讲活动。根据农业生产特点，结合群众居住分散不便集中和通讯不发达的实际，农忙时要深入田间地头和农民相对集中的地方宣讲法律。此外，还要利用广播、板报、橱窗、农民科技书屋、农村文化

大院、集贸市场等宣传阵地，宣传与农村生产生活息息相关的法律法规和典型案例，开展“法律服务进农村”系列活动。

②成立村民法制学校。依托村民委员会办公室或现有的村民夜校、成人文化学校，开设法律知识教育课程，利用农闲时节、晚上时间组织群众学习法律知识，注重法律条文与案例的结合，增强法律教育的针对性、通俗性和实效性。

③成立村级读书社。在读书社开辟“法制角”，让农民在学习科技文化知识的同时，也能学到法律知识。

④成立法制文艺宣传队。利用“文艺搭台、法律唱戏”的形式，针对本地区、本乡（镇）热点、难点问题，将相关的法律法规编排成文艺节目，采取相声、小品、表演唱等形式，进行法制文艺宣传演出，强化农民对法律、法规的认识和理解。

⑤推进网上法律宣传和服务。条件好、网络比较发达的地区农村，要广泛开展法律宣传服务活动，通过网络法律常识的宣传，为农民普及法律知识，促进其依法维护自己的合法权益，构建和谐社会。

2. 积极推进农民土地使用权合理流转

土地既是农民重要的生产资料，又是农民的基本生活保障。发展现代农业，必须始终坚持家庭承包经营为基础、统分结合的双层经营体制不动摇，稳定和完善土地承包关系。党的十七届三中全会提出：加强土地承包经营权流转管理和服务，建立健全土地承包经营权流转市场。按照依法、自愿、有偿的原则，允许农民以转包、出租、互换、转让、股份合作等形式流转土地承包经营权，发展多种形式的适度规模经营。2009 年中央一号文件也提出，要建立健全土地承包经营权流转市场。因此，要积极推进农民土地使用权的流转。事实上，村民与村民委员会（村集体经济组织）签订土地承包合同后，取得的只是土地的使用权，并未获得所有权。为了充分利用土地资源，承包方可以将土地经营权流转。流转的形式包括转让、转包、互换、入股、出租等。流转的对象是承包经营权而非所有权。我国保护农村土地承包关系的长期稳定，只有符合条件，签订了书面合同才能进行流转。生效的土地承包经营权流转合同不得随意变更和解除。

签订土地承包经营权流转合同应当符合下列条件：一是遵循平等协商、自愿有偿的原则，任何组织和个人不得强迫或者阻碍承包方进行土地承包经营权流转，否则流转无效；二是不得改变土地所有权的性质和土地的农业用途；三是流转的期限不得超过承包期的剩余期限，超过部分属于无效；四是受让方须有农业经营能力；五是本集体经济组织成员在流转价格、流转期限等主要内容相同的条件下，在法定的期限内主张优先权的，应予保护；六是流转的双方当事人应当就土地经营权的流转签订书面合同；七是采取转让方式流转的，应当经发包方同意；八是采取转包、出租、互换或者其他方式流转的，应当报发包方备案。

土地承包经营权的流转，要求受让方必须有农业生产经营能力。受让方可以是承包农户，也可以是其他按有关法律及有关规定允许从事农业生产经营的组织或个人。承包方可以将土地承包经营权流转给本集体经济组织成员之外的单位或个人。农村土地承包经营权流转合同一般包括以下内容：双方当事人的姓名、住所；流转土地的四至、坐落、面积、质量等级；流转的期限和起止日期；流转方式；流转土地的用途；双方当事人的权利和义务；流转价款及支付方式；流转合同到期后地上附着物及相关设施的处理；违约责任等等。农村土地承包经营权流转合同文本格式由省级人民政府农业行政主管部门确定。农村土地承包经营权流转当事人可以向乡（镇）人民政府农村土地承包管理部门申请合同鉴证。

推进农民土地承包经营权合理流转的具体政策主要有：

①土地承包经营权的流转使农民真正享有占有、使用、收益和处分四权统一，承认农民拥有物权性质的土地承包权，减少土地产权关系中的不稳定因素，增强国家对农民的产权保护，提高土地的利用效率。土地承包经营权的流转应尊重农民的意愿，保护农民的利益。在承包期内，不能采取强制手段，直接收回农民的土地承包经营权，重新进行土地发包。

②健全土地承包经营权流转市场，规范土地承包经

营权流转行为。在经济比较发达和农民有比较稳定的农业以外就业和收入的沿海发达地区，政府应围绕承包土地流转，提供信息、中介、协调、组织等服务，以实现规模经营，使农业用地向专业大户、合作农场和农业园区集中。在不具备流转条件的地区，对农民自愿进行的土地流转，政府应积极支持，并做好管理和服务工作。

③土地的流转应当主要在农户之间进行，不提倡公司、企业进入农业的直接生产领域长时间、大面积租赁经营农户的承包地。鼓励和支持工商企业进入农业的产前、产后领域为农民提供社会化服务，对尚待开发的非耕地农业资源进行投资开发。

④土地在相当长的时期内仍然是农民最基本的生活保障。应在农民有条件转向非农就业之后再强调土地的规模经营。流转的决策权在农民手中，农村基本政策的制定要服从当前国情和发展阶段的要求。

农业承包合同管理、农村土地承包经营权流转工作的具体程序如图 5-1 所示。

3.发展农民专业合作社，提高农民组织化程度

农民专业合作社以其成员为主要服务对象，提供农业生产资料的购买，农产品的销售、加工、运输、储藏，以及与农业生产经营有关的技术培训、信息等服务。从事专业生产的农民自愿入社、退社，自由、平等持股，自我服务、民主管理。2009 年中央一号文件提出，要加快发展农民专业合作社，开展示范社建设行动；加强合作社人员培

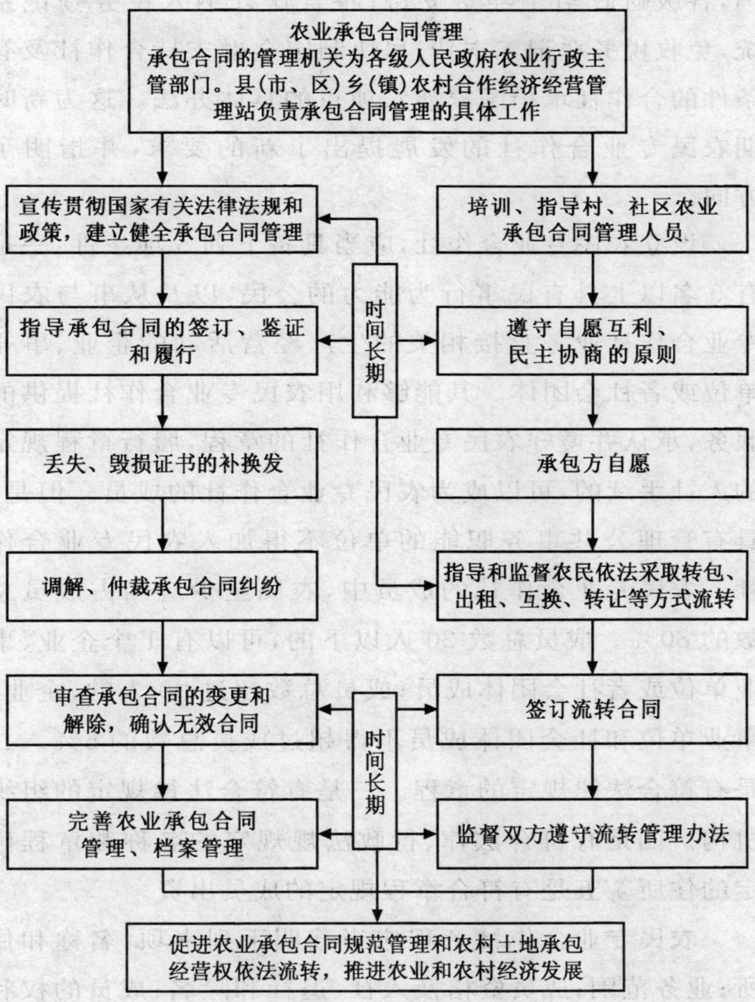

图 5-1　农业承包合同管理、农村土地承包经营权流转工作流程图

（引自 www.zwgk.fy.gov.cn）

训，各级财政给予经费支持；将合作社纳入税务登记系统，免收税务登记工本费；尽快制定金融支持合作社及有条件的合作社承担国家涉农项目的具体办法。这为新时期农民专业合作社的发展提出了新的要求，并指明了方向。

设立农民专业合作社，应当具备下列 5 项条件：一是有 5 名以上具有民事行为能力的公民，以及从事与农民专业合作社业务直接相关的生产经营活动的企业、事业单位或者社会团体。其能够利用农民专业合作社提供的服务，承认并遵守农民专业合作社的章程，履行章程规定的入社手续的，可以成为农民专业合作社的成员。但是，具有管理公共事务职能的单位不得加入农民专业合作社。农民专业合作社的成员中，农民至少应当占成员总数的 80%。成员总数 20 人以下的，可以有 1 个企业、事业单位或者社会团体成员；成员总数超过 20 人的，企业、事业单位和社会团体成员不得超过成员总数的 5%。二是有符合法律规定的章程。三是有符合法律规定的组织机构。四是有符合法律、行政法规规定的名称和章程确定的住所。五是有符合章程规定的成员出资。

农民专业合作社章程应当载明下列事项：名称和住所；业务范围；成员资格及入社、退社和除名；成员的权利和义务；组织机构及其产生办法、职权、任期、议事规则；成员的出资方式、出资额；财务管理和盈余分配、亏损处理；章程修改程序；解散事由和清算办法；公告事项及发布方式；需要规定的其他事项。

设立农民专业合作社，应当向工商行政管理部门申请登记并提供下列文件：登记申请书；全体设立人签名、盖章的设立大会纪要；全体设立人签名、盖章的章程；法定代表人、理事的任职文件及身份证明；出资成员签名、盖章的出资清单；住所使用证明；法律、行政法规规定的其他文件。登记机关应当自受理登记申请之日起20日内办理完毕，向符合登记条件的申请者颁发营业执照。

农民专业合作社成员享有以下权利：一是参加成员大会，并享有表决权、选举权和被选举权，按照章程规定对本社实行民主管理；二是利用本社提供的服务和生产经营设施；三是按照章程规定或者成员大会决议分享盈余；四是查阅本社的章程、成员名册、成员大会或者成员代表大会记录、理事会会议决议、监事会会议决议、财务会计报告和会计账簿；五是章程规定的其他权利。

农民专业合作社成员承担下列义务：一是执行成员大会、成员代表大会和理事会的决议；二是按照章程规定向本社出资；三是按照章程规定与本社进行交易；四是按照章程规定承担亏损；五是章程规定的其他义务。

农民专业合作社的理事长、理事和管理人员的下列行为是法律所禁止的：侵占、挪用或者私分本社资产；违反章程规定或者未经成员大会同意，将本社资金借贷给他人或者以本社资产为他人提供担保；接受他人与本社交易的佣金归为己有；从事损害本社经济利益的其他活动。

理事长、理事和管理人员违反禁止性规定所得的收入，应当归本社所有；给本社造成损失的，应当承担赔偿责任。农民专业合作社的理事长、理事、经理不得兼任业务性质相同的其他农民专业合作社的理事长、理事、监事、经理。执行与农民专业合作社业务有关的公务人员，不得担任农民专业合作社的理事长、理事、监事、经理或者财务会计人员。

农民专业合作社应该依照《中华人民共和国农民专业合作社法》规范操作和运营。国家保护农民专业合作社及其成员的合法权益，任何单位和个人不得侵犯。

4. 推进“三品”认证，保障农产品质量安全

经国务院批准，农业部于 2001 年 4 月启动了“无公害食品行动计划”，率先在北京、上海、天津、深圳等 4 个城市进行试点，从 2002 年开始在全国范围内推进，并确立了“无公害食品、绿色食品、有机食品三位一体，整体推进”的发展战略。“无公害食品行动计划”的目标是力争用 5 年左右时间，基本实现食用农产品无公害生产，保障消费安全，质量安全指标达到发达国家或地区的中等水平。

“无公害食品行动计划”主要解决下列问题：蔬菜中的农药残留超标问题；水果中的农药残留超标和激素滥用问题；茶叶中的农药残留和重金属超标问题；畜禽饲养过程中的药物滥用和畜禽产品药物残留超标问题；水产

品生产过程中的药物滥用和水产品中的有毒有害物质超标及贝类产品污染问题；农产品产地环境污染问题等。

“无公害食品行动计划”采取的具体措施是：以全面提高农产品质量安全水平为核心，以标准体系和监测体系为基础，以“菜篮子”产品为突破口，以市场准入为切入点，从产地和市场两个环节入手，对农产品实施从“农田到餐桌”全过程质量安全监控，实现主要农产品无公害生产和消费，满足国内外市场的需要。

为了推动“无公害食品行动计划”的实施，保证食用农产品的质量和消费安全，农业部组织制定了《无公害农产品行业标准》，引导和规范无公害农产品的生产和消费。

2009 年中央一号文件指出，加快农业标准化示范区建设，推动龙头企业、农民专业合作社、专业大户等率先实行标准化生产，支持建设无公害、绿色和有机农产品生产基地。2010 年中央一号文件又明确指出，要加快农产品质量安全监管体系和检验体系建设，积极发展无公害、绿色、有机农品生产。这为大力推进“三品”生产和监管指明了方向。

事实上，无公害食品是指产地环境、生产过程和产品质量符合国家有关标准和规范的要求，经认证合格获得认证证书并允许使用无公害农产品标志的，未经加工或者初加工的食用农产品。无公害食品不分级，在生产过程中允许限量、限品种、限时间使用人工合成化学农药、兽药、鱼药、肥料、饲料添加剂等。无公害食品主要由农业部农产品质量安全中心和各省级农业行政主管部门实施认证。省级无公害食品的认证程序如图 5-2 所示。无公害食品是我国政府为保证广大人民群众饮食健康设置的一道基本安全线。无公害食品证书的有效期为 3 年。

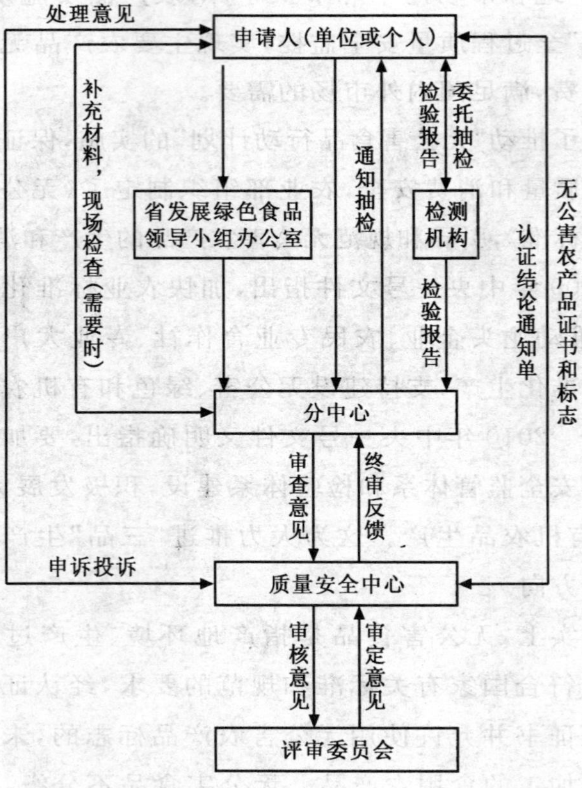

图 5-2 ××省无公害食品认证程序流程图

(引自 www.jxagriec.gov.cn)

绿色食品是指遵循可持续发展原则,按照特定生产方式生产,经专门机构认定、允许使用绿色食品标志商标的无污染的安全、优质、营养类食品。通过产前、产中、产后的全程技术标准和环境、产品一体化的跟踪监测,严格限制化学物质的使用。绿色食品采用证明商标的管理方式,规范市场秩序,保护和改善生态环境,提高农产品及其加工品的质量,增进城乡人民身体健康。绿色食品生产标准是介于无公害食品标准和有机食品标准之间的一种安全食品标准。绿色食品分为A级和AA级两个级别。A级绿色食品产地环境质量要求评价项目的综合污染指数不超过1;在生产加工过程中,允许限量、限品种、限时间使用安全的人工合成农药、兽药、鱼药、肥料、饲料及食品添加剂。AA级绿色食品产地环境质量要求评价项目的单项污染指数不得超过1,生产过程中不使用任何人工合成的化学物质,且产品需要3年的过渡期。绿色食品的认证机构只有一家,就是“中国绿色食品发展中心”,负责全国绿色食品的统一认证和最终审批。绿色食品证书有效期为3年。绿色食品的认证程序如图5-3所示。

有机食品是指来自于有机农业生产体系,根据有机认证标准生产、加工,并经独立有机食品认证机构认证的农产品及其加工产品,包括粮食、蔬菜、水果、奶制品、畜禽产品、水产品、蜂产品、调料等。有机食品是目前最高安全级的食品,无级别之分。有机食品在生产过程中不

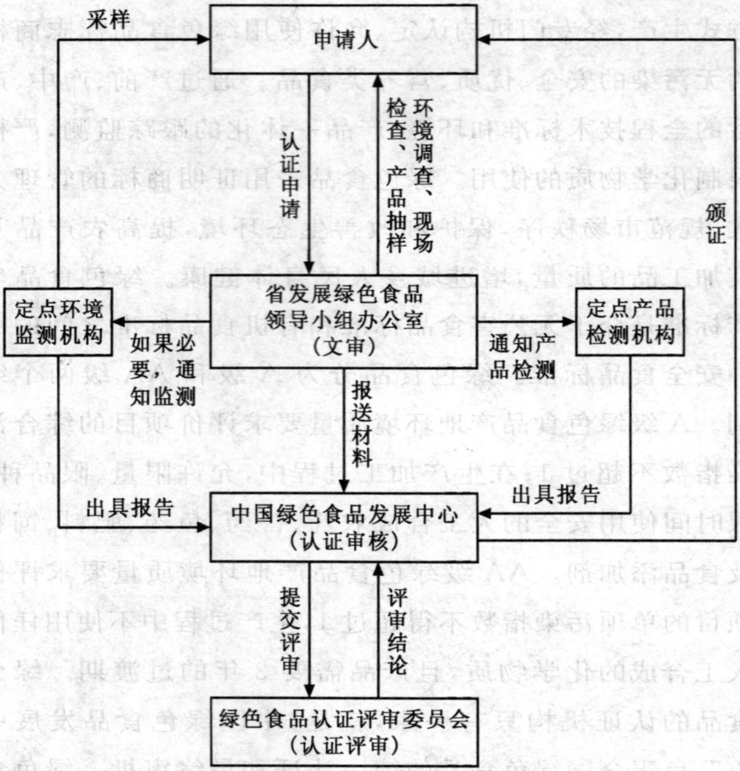

图 5-3　绿色食品认证程序图

（引自 http://www.foodmate.net）

允许使用任何人工合成的化学物质，而且需要 2～3 年的过渡期，过渡期生产的产品为"转化期"产品。目前经过国家认证认可监督管理委员会（CNCA）批准的有机食品认证机构有 31 家，可以开展种植、养殖、加工等领域的有机产品认证。另外一些国外有机认证机构也在我国开展业务。有机产品证书有效期为1年。与此相关，有必要了解有机农业的概念。有机农业是在农产品生产过程中不施用人工合成的化学物质、农药、生长调节剂和畜禽饲料添加剂，不采用基因工程获得的生物及其产物，减少生产过程对环境和产品的污染，遵循自然规律和生态学原理，采取可持续发展的农业技术，维持生态平衡、物种的多样性和资源的可持续利用的农业生产方式。

农业部下属的有机食品认证机构——中绿华夏有机食品认证中心(China Organic Food Certification Center，英文缩写 COFCC)，是国家认证认可监督管理委员会批准设立的国内第一家有机食品认证机构。它在运行机制上遵循国际通行的惯例，借鉴中国绿色食品认证的工作经验和工作体系的优势，依据有机食品认证标准和有关法律、法规，坚持“公开、公正、公平”的原则，为申请者提供有机食品知识培训和认证服务，按照国家认证认可工作要求和国际有机食品认证规则，制定开展认证工作必需的标准和制度性、技术性等文件。有机食品的认证程序如图5-4所示。

在我国，无公害食品和A级绿色食品的认证采取以检查认证和检测认证并重的原则，同时强调“从农田到餐桌”的全程质量控制；在环境技术条件的评价方法上，采用调查评价与检测认证相结合的方式。有机食品和AA级绿色食品的认证实行检查员制度，在认证方法上是以

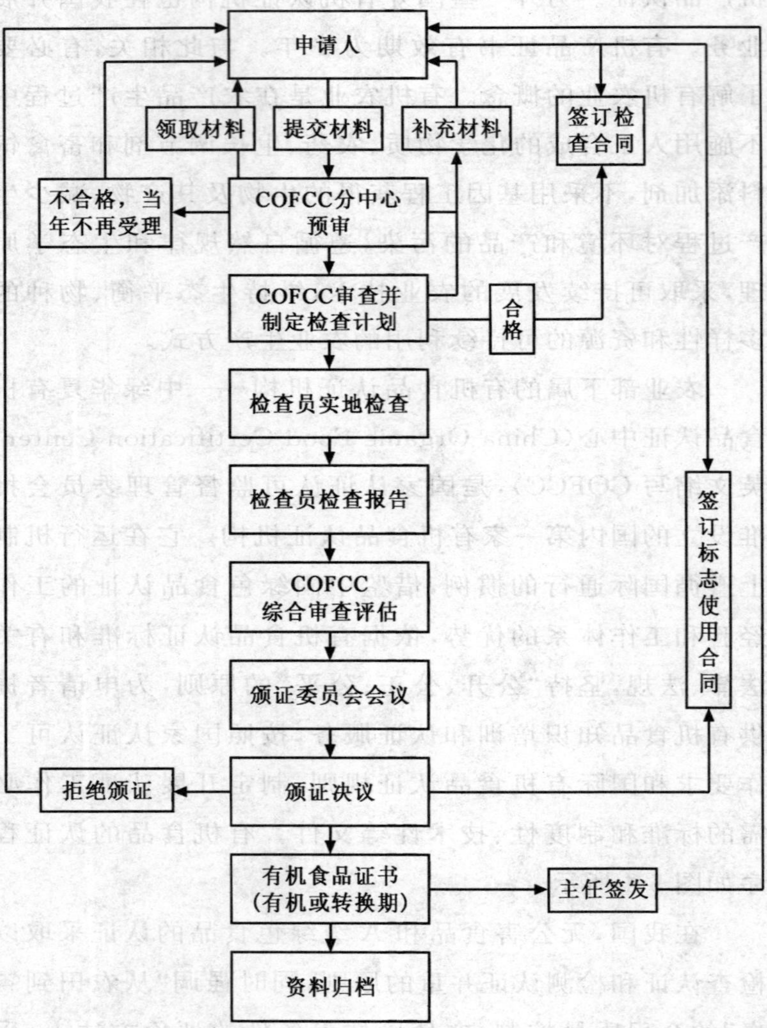

图 5-4　有机食品认证程序图

(引自 http://www.hznky.com)

实地检查认证为主，检测认证为辅；有机食品的认证重点是农事操作的真实记录和生产资料购买及应用记录等。截至2009年，我国的绿色食品企业达6 003家，产品有15 707个，绿色食品生产总量接近1亿吨，构建起一套具有国际先进水平的技术标准体系。此外，截至2009年底，山东省“三品”有效使用标志的企业已达2 450家，产品4 858个。其中无公害食品企业1 737家，产品3 059个；绿色食品企业636家，产品1 477个；有机食品企业77家，产品322个，居全国前列。

富含营养、具备高品质的无公害食品、绿色食品和有机食品倍受消费者青睐。实施“无公害食品行动计划”以来，无公害食品、绿色食品、有机食品的实物总量已达到全国食用农产品商品总量的20%。我国各级立法机关通过的一系列法律法规对农产品质量安全、无公害食品、绿色食品和有机食品认证等作出了明确规定。根据《中华人民共和国认证认可条例》的规定，任何法人、组织和个人可以自愿委托依法设立的认证机构进行产品、服务、管理体系认证。认证机构不得以委托人未参加认证咨询或者认证培训等为理由，拒绝提供本认证机构业务范围内的认证服务，也不得向委托人提出与认证活动无关的要求或者限制条件。认证机构应当公开认证基本规范、认证规则、收费标准等信息。

我国目前无公害食品、绿色食品和有机食品的开发主要采用“公司＋基地＋农户”的模式，即由生产企业、贸易公司（有机食品多数是外贸公司或从事出口业务的食品加工企业）与农户签订产销合同，农户在公司的指导下按照标准进行生产，公司包销产品，并负责市场开拓。

目前，食品安全是我们面临的社会问题之一。提高农产品质量安全水平，强化农产品的国际竞争能力，是农业和农村经济发展的重要任务。

5. 农业保险是农村经济社会发展的"稳定器"

我国是世界上自然灾害最严重的国家之一，其特点为：灾害种类多，发生频率高，分布地域广，造成损失大。我国按灾害发生的情形可以分为三类地区：第一类地区在西部，少数在北部。主要灾害是干旱、雪灾、地震，其次是沙尘暴、山体滑坡、泥石流和山洪，对农牧业生产影响较大。第二类地区在中部，少数是东北、华北、西南等地区。主要灾害是干旱、洪涝、地震、冻害、风暴、冰雹、农业病虫害，还有山体滑坡、泥石流和森林自然灾害，对农业、工业、交通运输业影响较大。第三类地区是东部沿海地区。主要灾害是洪涝、干旱、台风、风暴潮，其次是地震、冰雹、地面沉降等灾害。

农业保险是保险人组织农业生产经营者进行风险损失分摊，建立保险资金，对被保险人在种植业、养殖业生产过程中因自然灾害或者意外事故所造成的经济损失给予保险责任范围内的经济补偿的一种方式。农业本身的特点决定了农业保险具有地域性、季节性、周期性、高风险性的特点。

农业保险按生产对象不同分为种植业保险、养殖业保险和林木保险三种。种植业保险主要是以各种粮食作物、经济作物等农作物为担保对象的保险，所保责任灾害是自然灾害；养殖业保险是以各种畜禽和水产养殖为对象的保险，所保责任灾害包括自然灾害、意外事故和突发性感染疾病造成的损失；林木保险是以人工林和天然林为担保对象的保险，所保责任灾害主要是火灾及其他自然灾害。农业保险按险种管理特点不同分为生长期农作物保险、收获期农作物保险、森林保险、园林苗圃保险、畜禽保险、水产养殖保险和其他特种养殖保险。农业保险按保险责任不同分为单一责任险、混合责任险和一切险。

农业保险是稳定农村经济、稳定农村社会、支持农村经济体制改革的重要手段。农业保险中的农作物保险，在许多国家被纳入政策保险范畴。但农业保险并非完全属于政策性保险范围，政策规定以外的标的危险和利益，属于商业保险范畴。《中华人民共和国农业法》第 46 条规定：国家逐步建立和完善政策性农业保险制度。鼓励和扶持农民和农业生产经营组织建立为农业生产经营活动服务的互助合作保险组织，鼓励商业性保险公司开展农业保险业务。农业保险实行自愿原则。任何组织和个人不得强制农民和农业生产经营组织参加农业保险。2010 年中央一号文件第 3 条重点对农业保险进行叙述，指出：积极扩大农业保险保费补贴的品种和区域覆盖范围，加大中央财政对中西部地区保费补贴力度。鼓励各地对特色农业、农房等保险进行保费补贴，发展农村小额保险。健全农业再保险体系，建立财政支持的巨灾风险分散机制。

实际上，根据我国各类地区发展水平和所面临灾害种类的不同，可以借鉴的农业保险有以下几种模式：

①上海农业保险模式。它是实行"政府推动、保险公司代理、结余积累留地方，形成农业保险风险基金"的模式；开设农建险、种植业和养殖业保险等险种，设立农业生产风险基金；以区（县）为单位单独立账、独立核算，免交营业税和所得税，建立专业性农业保险公司；采取"政府财政补贴推动、商业化运作"的经营模式。传统的种、养两业保险业务享受相关政策支持，市、区（县）两级财政对投保符合上海农业产业发展导向的种、养两业保险的农户实行保费补贴，公司经营涉农财产保险和责任保险、农村居民短期人身意外伤害险和健康险等按商业化模式运作，用商业性保险的盈余来弥补种、养两业保险的亏损。公司开办的苗木、经济林、花卉、食用菌、西甜瓜、网围养蟹、梅花鹿和鸵鸟保险，保障了上海"都市农业"的发展，在分散农业生产风险、增强防御能力、恢复农业生产、扩大财政补贴效用、确保农户生活稳定等方面发挥了积极作用。

②黑龙江垦区阳光相互农业保险公司模式。黑龙江垦区的阳光相互农业保险公司是经保监会批准成立的保险业特有的公司组织形态，是所有参加保险的人为自己

办理保险而合作成立的法人组织。该公司实行会员制，会员是保险人和被保险人的统一体。会员向公司交纳保险费，公司根据合同约定进行赔付。当保险合同终止时，会员与公司的保险关系也随之消灭。会员代表大会是该公司最高权力机构。公司设立董事会、监事会，从事日常经营的机构有总公司、分公司、中心支公司、保险社。该公司实行公司统一经营为主导和保险社互助经营为基础的双层经营管理体制。该公司已经开发有水稻种植、大豆种植、奶牛、财产综合、机动车辆等保险产品，承保对象以粮豆作物为主，保险责任主要是旱、涝、风、雹、冻、病、虫等7种灾害。这种模式满足了黑龙江垦区农场的需要，起到了稳定农民生活水平、保证农业再生产能力、助推农村小康社会发展的作用。但是，这种保险模式在国家法律保障方面是空白，还缺乏必要的政策和政府资金支持。

③吉林安华农业保险股份有限公司模式。安华农业保险股份有限公司是中国保监会批准成立的商业性股份制农业保险企业。该公司通过多种渠道并采取多种形式，根据吉林省农业经济特色和产业化重点项目，为政府代办政策性农业保险业务，包括玉米、烟叶、草莓种植保险和肉鸡、生猪、奶牛、梅花鹿养殖保险；通过农业产业化龙头企业与农民专业合作组织进行合作，由各地机构统一承保的方式运行。部分龙头企业为鼓励基地农户参加保险，先行为农户垫付保险费，在产品回收时给予扣除，

减轻了农户的保费压力，解决了农民投保能力低的问题，激发了农民投保的积极性。安华农业保险股份有限公司针对农村中先富裕起来的农民、独生子女家庭、在企业长期工作的农民工对保险需求较高的实际情况，开办“三农”保险；通过参与农村合作医疗保险，开办、代办农民养老保险，发挥该公司在管理、产品、理赔方面的专业优势，提高农民的保障水平。

④中华联合财产保险公司模式。中华联合财产保险公司是经保监会批准成立的，行政隶属于新疆生产建设兵团。该公司一直坚持政策性农业保险定位，承保35种农作物及畜种的农业保险，采取多种形式收取保费，确定专门的农业保险技术规范。种植业保险根据分散风险和统一保险的要求，一个师（局）或一个团场确定一个保额，主要农作物必须统保，不准逆向选择。养殖业保险按照死亡保险的要求，对大牲畜按不同畜种、年龄，采取“定额收费”和“限额赔付”的办法；对猪、禽、兔及水产养殖保险采取“定额收费，分档次赔付”的办法，在不同的保险责任内，按照受损保险标的月（日）龄和体重赔付。

⑤浙江省农业保险模式。浙江省的农业保险模式主要分为两种：一是共保经营的方式。它是由两家及两家以上商业保险公司组建的“浙江省政策性农业保险共保体”经营农险，并实行“单独建账、独立核算、盈利共享、风险共担”的原则。按照浙江省统一公布的政策性农业保险产品目录，对进入目录的农产品参保实行保费财政补

贴的政策，并且多保多补、不保不补。二是互保合作的方式。它是依托农业行业协会、农民专业合作社和农业龙头企业，所有“共保体”成员采用自愿原则加入农业生产者互助合作保险组织，省级财政给予一次性补助，试点市、县(市、区)财政给予配套支持。目前已经成立了生猪、青蟹、奶牛等互保合作组织。其农业保险账户封闭运作，成员遵循共保体章程，自我管理，合作共享，依章程约定分配利润，接受浙江省农业保险确定的目录险种、条款和厘定的费率等。

《中华人民共和国保险法》第一百五十五条规定：国家支持发展为农业生产服务的保险事业，农业保险由法律、行政法规另行规定。我国目前的保险法中忽略了农业保险，急需制定《农业保险法》。农业保险应遵循政策性保险的原则。农业保险的组织形式可以是商业保险公司、外资保险企业、互助性农业保险公司等。

政府在农业保险经营过程中的义务：一是制定针对农业保险的减免税费的具体条款，核定保费补贴比例和法定强制保险的标准；二是拨付农业保险产品研发补贴；三是明确对经营农业保险的保险人的支持方式；四是在特大灾害发生时实行特别优惠措施等。

农业保险保险人的主要权利是：经营农业保险的保险专业公司和兼营公司可以按其经营业务情况得到各级政府的补贴、税收优惠、特大灾害发生时的特别优惠措施。

保险人的义务：一是要求保险公司在保险业务中，农业保险必须达到一定的比例；二是农业保险产品的设计、保费的厘定、条款的确定等应遵循微利或恰好能弥补经营费用的原则；三是提高公司经营能力、风险控制能力和资金使用效率，定期向政府有关部门报告经营绩效。

投保人的主要权利和义务：一是对购买的农业保险产品有权享受政府补贴；二是在享受政府补贴进行农业产业化经营、引进新品种时，应购买农业保险；三是和农业保险公司应当签订农业保险合同，以保障各方的权益，约束各方的行为。

（二）农村基层党组织、村民委员会与民主选举

1. 村党支部（党总支部）——农村基层的领导核心

农村基层的领导核心是村党支部或党总支部，而村党支部（党总支部）书记又是支部班子的核心。支部书记素质高，表率作用强，整个党组织的战斗力才会强。选准一个好的党支部（或党总支部）书记，对一个村来说至关重要。基层党组织在党支部（或党总支部）书记的带领下应当公正民主地决定支部和村里的重要事项，不断加强农村党员干部的教育培训力度，做好党员发展工作，有廉洁自律和为民服务的意识，树立基层干部的良好形象，领导村民委员会为村民做好事、办实事。

党支部（或党总支部）委员会和书记、副书记的产生由上届党支部（或党总支部）委员会提出候选人，报上级

党组织审查同意后，党支部委员会在党支部（或党总支部）全体党员大会或党员代表大会上选举产生；书记、副书记在党支部委员会全体会议上选举产生。党支部（或党总支部）委员会委员候选人，按照德才兼备和班子结构合理的原则提名。委员候选人的差额为应选人数的20%。选出的委员，报上级党组织备案；选出的书记、副书记，报上级党组织批准。

在选举中，正式党员有表决权、选举权、被选举权；受留党察看处分的党员在留党察看期间没有表决权、选举权、被选举权；预备党员没有表决权、选举权和被选举权。选举应尊重和保障党员的民主权利，充分发扬民主，体现选举人的意志。任何组织和个人不得以任何方式强迫选举人选举或不选举某个人。召开党员大会进行选举时，有选举权的到会人数超过应到会人数的五分之四，会议有效。召开党员大会进行选举，由上届党支部（或党总支部）委员会主持；不设委员会的党支部进行选举，由上届支部书记主持。召开党员代表大会进行选举，由大会主席团主持。大会主席团成员由上届党支部（或党总支部）委员会或各代表团（组）从代表中提名，经全体代表酝酿讨论，提交代表大会预备会议表决通过。

选举大会一般经过下列几个步骤：一是说明到会的党员人数，宣布会议可否召开；二是听取和讨论上届党支部（或党总支部）委员会的工作报告；三是通过选举办法；四是宣布候选人名单；五是推选监、计票人（监票人从书记、副书记候选人以外的党员或党员代表中推选，经全体党员或党员代表表决通过产生，负责对选举全过程进行监督）；六是发选票，并说明填写选票时的注意事项；七是投票；八是清点收回的选票，宣布选举是否有效；九是计票，由监票人公布选举结果，会议主持人宣布当选人名单。

委员会第一次全体会议选举书记、副书记。召开党员代表大会的，由大会主席团指定一名主席团成员主持；召开党员大会的，由上届委员会推荐一名党员主持。实行差额预选时，赞成票超过实到会有选举权的人数的半数，方可列为候选人。进行正式选举时，被选举人获得的赞成票超过实到会有选举权的人数的一半，才可当选。

2. 村民委员会——直接选举产生的基层群众性自治组织

从 1998 年《中华人民共和国村民委员会组织法》通过至今，全国 31 个省、自治区、直辖市农村已经按照法律规定，进行了多次村民委员会换届选举，涉及 70 多万个村民委员会和近 6 亿农村选民。全国 80%以上的行政村建立了村民会议、村民代表会议和村务公开制度，制定了村民自治章程和村规民约，在全国各地逐步形成了民主选举、民主决策、民主管理、民主监督的良好局面。农村党支部（或党总支部）应积极主动加强党对村民自治组织的领导，同时加强自身队伍建设，形成在村党支部（或党总支部）领导下的村民自治运行机制。

村民委员会的性质是建立在农村的基层群众性自治组织，不是国家基层政权组织，不是一级政府，也不是乡镇政府的派出机构。村民委员会对村民会议负责并报告工作。村民委员会虽不是一级政府，却在村民自治中发挥着重要作用。它的主要任务是办理村里的公共事务、调解民间纠纷和维护村里的治安等。

选举村民委员会成员首先应由选民提名村民委员会成员候选人。全国有些省（市、自治区）已经制定了相关法规规范村民委员会选举工作。如《北京市村民委员会选举办法》第十五条明确规定："选民提名村民委员会成员候选人，应当推荐遵守宪法、法律、法规和国家政策，公正廉洁，作风正派，热心为村民服务，身体健康，有一定文化水平和组织、管理能力的村民。"

我国的选举权具有普遍性和广泛性。在农村中，除极少数人外，绝大多数村民有选举权和被选举权。年满18周岁的村民不分民族、种族、性别、职业、家庭出身、宗教信仰、教育程度、财产状况、居住期限，都有选举权和被选举权。选民应是本村村民，享有政治权利。村民的选举资格一经确认，登记为选民，即具有选举权和被选举权。有选举权和被选举权的村民名单，应当在选举日的20日以前公布。在村民委员会选举工作中，已经进行登记的选民由于在外打工、经商等，在选举日不能回村参加投票选举的，可以委托本人信任的选民代为投票选举，但需要办理书面委托投票手续。

村民委员会的选举应严格按照下列程序进行：一是分级成立选举工作机构。每次换届选举，从省到乡镇，层层成立由党委、政府、人大和有关职能部门负责人组成的选举工作机构。村一级成立村民选举委员会，负责主持选举工作。村民选举委员会由村民会议或各村民小组推选产生。二是依法进行选民登记。三是提名确定候选人。采取直接选举模式确定正式候选人，任何组织或者个人都不得指定、委派或者撤换村民委员会候选人。正式确定候选人之后可以进行竞选。四是组织选民投票。投票实行无记名方式。五是计票。计票应当公开进行。六是罢免。对不称职的村民委员会成员，本村 1/5 以上有选举权的村民联名，可以要求罢免并提出罢免理由。被罢免的成员有权提出申辩意见。村民委员会应当及时召开村民会议，投票表决罢免要求。罢免要求必须经过有选举权的村民过半数通过，方可实施罢免。

(三)村民自治与村务公开

1. 村民自治——广大村民充分行使民主权利的保障

在村民自治中，广大村民是村民自治的主体。

村民的权利包括：选举权和被选举权、罢免村民委员会成员的权利、在村级经济和社会事务中的自治权、对村级事务的监督权。

村民自治的事项包括下列几个方面：

①村民委员会的设立、撤销、范围调整；

②村民委员会成员的直接选举与罢免；

③通过召开村民会议决定重要事项；

④村民委员会对村民会议负责并报告工作，村民会议对村民委员会工作报告进行审议，对村民委员会成员的工作进行评议；

⑤村民小组长的推选产生；

⑥法律规定的村民委员会提请村民会议讨论决定的事项；

⑦村民代表的推选和村民代表会议的召开，村民会议授权村民代表会议讨论决定的事项；

⑧监督法律规定的村民委员会职责、任务、权利和义务的履行情况。

村民委员会的主要任务：

①办理本居住地区的公共事务和公益事业。公共事务是指与本村全体村民生产和生活直接相关的事务。公益事业是本村的公共福利事业，主要包括：修桥铺路、兴办学校（幼儿园或敬老院）、兴修水利、植树造林、整治村容村貌、扶助贫困、救助灾害等。

村民委员会办理本村公共事务和公益事业，要着眼于解决村民生产生活存在的实际困难，实事求是，量力而行，从本村实际情况出发，考虑村民的需要和承受能力；要坚持民主自愿的原则，充分发动村民就所办理的事项进行讨论并决定。

②调解民间纠纷。调解民间纠纷是一项重要的经常性工作。由于各种利益的冲突，村民之间、邻里之间、家庭之间和家庭内部，都不可避免地会发生矛盾，如婚姻、家庭、继承、财产、宅基地、水利、土地、山林、损害赔偿等常见纠纷，还有轻微违法刑事纠纷等。村民的纠纷不是根本利益冲突和对立，而往往是局部利益或暂时利益引起的纠纷。村民委员会是村民自己选出的组织，受到村民的信赖，并对本村情况和人际关系比较熟悉，能及时调解和解决纠纷，避免矛盾激化。

③协助政府维护社会治安。村民委员会要及时向人民政府反映村民的意见，提出建议。维护社会治安是公安机关的主要职责。但是由于我国地域辽阔、人口众多，需要动员群众力量来参加社会治安管理，重点做好治安防范工作。因此，村民委员会要积极而广泛地开展法制宣传和教育，深入开展社会治安综合治理工作。

2. 村务公开——村民行使监督权的有效途径

村民委员会是村民自我管理、自我教育、自我服务的基层群众性自治组织。广大村民享有知情权、参与权、决策权和监督权，是管理乡村事务的主人。村民委员会应实行村务公开制度。村务公开分为政务公开、事务公开和财务公开三个方面。

根据《中华人民共和国村民委员会组织法》的规定，必须公开以下4项内容：

①村民会议或者村民代表会议开会讨论决定的事项

和实施情况。具体包括：本村享受误工补贴的人数及补贴标准；村集体经济所得收益的使用；村办学校、村建道路等村公益事业的经费筹集方案；村集体经济项目的立项、承包方案及村公益事业的建设承包方案；村民的承包经营方案；宅基地的使用方案；村民会议认为应当由村民会议讨论决定的涉及村民利益的其他事项。

②国家计划生育政策的落实方案。村民委员会要向村民公开国家的生育、节育政策，年度人口计划，计划内一、二胎生育指标数量、条件、落实名单，超生子女费的征收和使用情况等。

③救灾救济款物的发放情况。村民委员会要向村民公开国家的有关救灾救济政策，上级拨来的款物的明细数量，发放的对象和标准，领取者的名单和数量等。

④水电费的收缴以及涉及本村村民利益、村民普遍关心的其他事项。如县级物价部门、电业局联合核定的本村电价，全村的购电量、用电量；干部和电工用电量、应交费额、实交费额；偷电处理情况等。水费公开可参照电费公开办理。此外，对于村民关心的征兵、招生和乡镇或村办中小学收费情况也应公开。

目前一般村务公开事项已经扩展到了 21 项内容。其中的计划生育政策落实、救灾救济款物发放、宅基地使用、村集体经济所得收益使用、村干部报酬等事项，应继续坚持公开。同时，要根据农村改革发展的新形势、新情况，及时丰富和拓展村务公开内容，应将土地征用补偿及分配、农村机动地和“四荒地”发包、村集体债权债务、税费改革和农业税减免政策、村内“一事一议”筹资筹劳、新型农村合作医疗、种粮直接补贴、退耕还林还草款物兑现，以及国家其他补贴农民、资助村集体的政策落实情况，及时纳入村务公开的范围。农民群众要求公开的其他事项，也应加以公开。

财务公开是村务公开的重点。所有收支必须逐项逐笔公布明细账目，让群众了解、监督村集体资产和财务收支情况，给老百姓一个明白，还干部一个清白。为了加强对农村集体财务活动的管理和民主监督，促进农村经济发展和农村社会稳定，农业部和监察部联合下发了《村集体经济组织财务公开暂行规定》。对村级财务公开内容做出详细规定，主要包括：财务计划，各项收入，各项支出，各项财产，债权债务，收益分配，农户承担的集资款、水费、电费、劳动积累工、义务工，以及以资代劳等。

关于村务公开的形式，法律法规没有明确的规定，应坚持实际、实用、实效的原则，在便于群众观看的地方设立固定的村务公开栏。同时有条件的地区还可以通过广播、电视、网络、“明白纸”、民主听证会等形式公开。村务公开的时间，一般的村务事项定期公开，至少每季度公开一次；涉及农民利益的重大问题，以及群众关心的事项要及时公开。集体财务往来较多的村，财务收支情况应每月公布一次。时限较长的事项，如修公路、建学校等，每完成一个阶段的任务，应公布一次进展情况。

村务公开要经过下列基本程序：

①村民委员会根据本村实际情况，依照法规和政策的有关要求，提出公开的具体方案；

②村务公开监督小组对方案进行审查、补充、完善后，交由村党支部（或党总支部）和村民委员会讨论确定；

③提交村民代表会议审议并通过；

④村民委员会以村务公开栏等形式及时公布。

村务公开后，村民委员会应认真听取村民意见，对提出的意见和建议给予及时答复和改进。村民委员会应当保证公布内容的真实性，并接受村民的查询。村民委员会不及时公布应当公布的事项或公布的事项不真实的，村民有权向乡（镇）人民政府或者县级人民政府及其有关主管部门反映，有关政府机关应当负责调查核实，责令公布；经查证确有违法行为的，有关人员应当依法承担责任。

（四）社会治安管理

治安状况的好坏可以体现一个地方的民风民俗。农村由于生产、生活方式的特殊性，村民联系紧密，民风淳朴，农村的治安状况总体比较好。但随着经济的发展，人们之间联系弱化，以及人口流动性的增加对农村社会治安产生了不利的影响。公安机关、乡（镇）派出所和村民委员会肩负着维护农村治安的重要任务。

为了加强社会治安,维护公共秩序,保护公共财产,保障公民权利,县级公安机关可以在辖区内设立公安派出所。公安派出所是县级公安机关管理治安工作的派出机构。公安派出所应当对居民住宅区的管理单位、居民委员会、村民委员会履行消防安全职责的情况和上级公安机关授权管理的单位进行消防监督检查。治安管理处罚由县级以上人民政府公安机关决定;其中警告、500元以下的罚款可以由公安派出所决定。

社会治安综合治理是组织、动员全社会力量,预防和治理违法犯罪,化解不安定因素,确保社会稳定的一项系统工程。社会治安综合治理是解决我国社会治安问题的根本出路。各级人民政府应当加强社会治安综合治理,采取有效措施,化解社会矛盾,增进社会和谐,维护社会稳定。

村民委员会应当建立健全治安保卫组织,即治安保卫委员会。村民委员会在社会治安综合治理中履行下列职责:

①宣传、贯彻执行有关法律法规和方针政策;

②组织制定村规民约,并监督执行;

③进行防盗、防火、防破坏、防自然灾害等安全教育,提高群众自防自治的能力;

④加强对治安保卫组织的领导,组织群众开展安全

防范工作；

⑤协助公安、司法机关监督、考察被依法判处管制、有期徒刑宣告缓刑、监外执行、假释的犯罪人员和被监视居住、取保候审人员。

⑥配合有关部门，查禁卖淫嫖娼，严禁制作、运输、走私、贩卖毒品和淫秽物品，禁止吸食、注射毒品，禁止赌博和利用封建迷信骗钱害人等社会丑恶现象，做好本单位吸食、注射毒品人员的戒毒工作和戒除毒瘾的巩固工作；

⑦教育和管理刑满释放人员、解除劳动教养人员和有轻微违法行为的人员；

⑧做好辖区内青少年和社会闲散人员的教育管理工作；

⑨及时报告社会治安情况，反映村民对社会治安综合治理工作的意见和要求，组织村民协助公安机关做好治安防范、调查各种案件、管理常住和暂（寄）住人口等工作。

⑩办理社会治安综合治理的其他事项。

社会治安综合治理工作是农村其他工作的基础和前提。社会治安状况的好坏直接关系到农民群众能否安居乐业，关系到一个地方的投资环境，关系到地方经济能否持续快速发展。我们的大学生村官应当把建设平安乡村，实现农村社会的“九无”和“三有”作为努力目标。“九无”即无群体性越级上访、无重大火灾事故、无重大安全责任事故、无重特大刑事案件、无涉毒违法犯罪、无黑恶势力犯罪、无“法轮功”人员违法破坏、无聚众赌博、无聚众斗殴。“三有”即有巡防大队、有治安岗、有村治安工作协调室。大学生村官应努力开展争创“平安村”和“平安家庭”活动，让群众切实感到“我们这里很安全，出门放心，在家安心”。

社会治安综合治理需要发动群众，不能仅依靠专门机关的力量，需要建立村综合治理工作组织网络，实现各种力量的有效整合。结合本地实际，成立村社会治安综合治理领导小组，由村民委员会主任任组长，村民委员会副主任任副组长，成员有村治保委员会和调解委员会主任、妇代会主任、民兵连长和团支部书记等。村社会综合治理领导小组下设村综合治理协调室，由治保调解主任兼任村综合治理协调室主任。村社会综合治理领导小组应建立例会制度、综合治理信息员报告制度等各项工作制度；还应注重硬件设施建设，使本村的综合治理力量得到有效整合；积极主动地配合治保调解干部做好外来流动人口的登记、催促办证等工作，特别是要加强对租住在村边偏僻处农户家的外来人口管理。在外来人口遇到困难时，应尽最大努力为他们提供帮助，及时调解涉及外来人口工资、房租费用等引发的纠纷，使他们能够感受到来自第二故乡的温暖。

（五）农村信访管理与邻里纠纷调解

1. 农村信访既是公民维权的手段又是监督政府的方式

国家建立信访制度是为了保持各级人民政府同人民群众的密切联系，因此要切实保护信访人的合法权益，维护信访秩序。国务院《信访条例》规定，信访是指公民、法人或者其他组织采用书信、电子邮件、传真、电话、走访等形式，向各级人民政府、县级以上人民政府工作部门反映情况，提出建议、意见或者投诉请求，依法由有关行政机关处理的活动。

县级以上人民政府应当设立信访工作机构。县级以上人民政府工作部门及乡（镇）人民政府应当按照有利工作、方便信访人的原则，确定负责信访工作的机构或者人员，具体负责信访工作。

县级以上人民政府信访工作机构是本级人民政府负责信访工作的行政机构，履行下列职责：一是受理、交办、转送信访人提出的信访事项；二是承办上级和本级人民政府交由处理的信访事项；三是协调处理重要信访事项；四是督促检查信访事项的处理；五是研究、分析信访情况，开展调查研究，及时向本级人民政府提出完善政策和改进工作的建议；六是对本级人民政府其他工作部门和下级人民政府信访工作机构的信访工作进行指导。

信访权利是法律赋予公民在信访活动中可以从事某些活动的自由和资格。信访人的主要权利有：一是依法反映情况，提出建议、意见或者投诉请求的权利；二是依法信访不受打击报复的权利；三是就行政机关的行政行为及其工作人员的职务行为提出信访事项的权利；四是查询信访事项办理情况的权利；五是就信访事项受理、办理情况得到书面答复的权利；六是要求对办理信访事项有直接利害关系的工作人员回避的权利；七是检举、揭发材料及有关材料不被透露或者转给被检举、被揭发的人员或者单位的权利；八是反映的情况，提出的建议、意见，对国民经济和社会发展或者对改进国家机关工作以及保护社会公共利益有贡献的，得到奖励的权利；九是事实清楚、法律依据充分的投诉请求得到支持的权利；十是对信访事项处理不服，要求复查、复核的权利。

信访人在信访过程中应当遵守法律、法规，不得损害国家、社会、集体的利益和其他公民的合法权利，自觉维护社会公共秩序和信访秩序，不得有下列行为：一是在国家机关办公场所周围、公共场所非法聚集，围堵、冲击国家机关，拦截公务车辆，或者堵塞、阻断交通；二是携带危险物品、管制器具；三是侮辱、殴打、威胁国家机关工作人员，或者非法限制他人人身自由；四是在信访接待场所滞留、滋事，或者将生活不能自理的人弃留在信访接待场所；五是煽动、串联、胁迫、以财物诱使、幕后操纵他人信访或者以信访为名借机敛财；六是扰乱公共秩序、妨害国家和公共安全的其他行为。信访人在信访活动中不能破坏信访秩序，“大闹大解决，小闹小解决，不闹不解决”的想法和做法是不可取的，应当按照规则行事，遵守法律和有关规定。

信访工作机构的具体工作程序如图 5-5 所示。

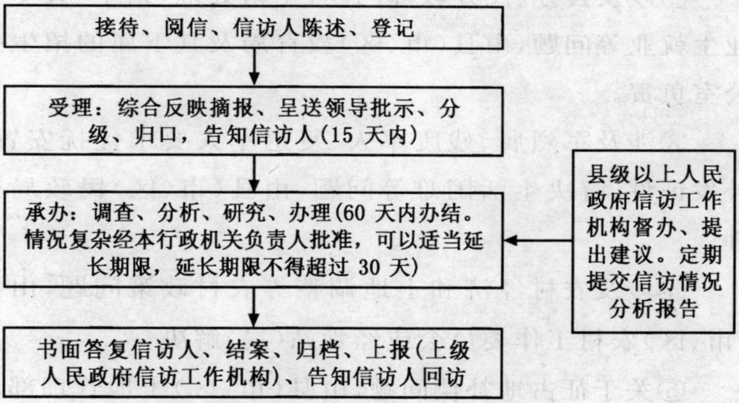

图 5-5　信访工作流程图

关于各级人大的信访工作，国家目前尚没有制定统一的法律，各级人大机关一般是按照相关选举法、组织法和参考国务院的《信访条例》来办理信访业务，程序和行政信访相同，经过接待、受理、承办、书面答复信访人和上级信访工作机构督办等几个环节。

农村信访主要集中在土地纠纷、财务问题、农民负担、村民委员会和基层干部违法违纪和普通涉法涉诉等几大问题。根据相关法律法规，具体内容及主要受理机关如下：

①涉及超生、早育，计划生育中违法乱纪，结扎后遗

症等，乡（镇）或街道计划生育办公室有权处理，问题较严重的，可以直接由县（市、区）人口与计划生育局（委）处理。

②涉及公办、民办教师问题，学籍处理，招生，大专毕业生就业等问题，由县（市、区）教育局及其下属的招生办公室负责。

③涉及军烈属、残废军人、复退军人要求优抚安置、补发证件，解决生活困难等问题，由县（市、区）民政局处理。

④涉及农村经济和土地调整等农村政策问题，由县（市、区）农村工作委员会或经管站（局）解决。

⑤关于征占地补偿问题，由县（市、区）土地管理部门负责。

⑥涉及劳动保障、工资福利、工伤争议、劳动就业、社会保险等问题，由县（市、区）劳动和社会保障局负责。

⑦涉及水利纠纷，应由问题发生地的县（市、区）水利管理部门处理。

⑧涉及水库移民安置等问题，由当地建设管理部门下设的移民办负责。

⑨涉及拆迁、城镇建设问题，应由县（市、区）建设管理部门处理。

⑩涉及环境污染问题，应由县（市、区）环境保护局负责。

⑪涉及医疗事故问题，应由县（市、区）卫生局处理。

⑫涉及盲聋哑人、残疾人员就业安置问题，应由县（市、区）残联负责。

⑬涉及城镇房屋管理和私房改造等纠纷，应由县（市、区）房地产管理部门处理。

⑭反映问题涉及几个部门，或者问题不好归口，或者无口可归，以及一些重大疑难问题，信访办可以协调有关的若干部门予以解决，或者直接向县（市、区）主要领导反映，并要求解决。

针对当前信访工作中有些干部存在的官僚主义、形式主义，以及漠视群众疾苦的现象，2008 年 7 月，中共中央纪律检查委员会发布了《关于违反信访工作纪律适用〈中国共产党纪律处分条例〉若干问题的解释》，以及监察部、人力资源和社会保障部、国家信访局联合发布了《关于违反信访工作纪律处分暂行规定》等。文件规定，要严格执行处理信访突出问题及群体性事件工作责任制，切实落实领导责任，惩处信访工作违纪行为，维护信访工作秩序，保护信访人合法权益，促进社会和谐稳定。

2. 春风化雨，调解农村邻里纠纷

农村村民之间的民事纠纷主要集中在家庭、房屋和经济往来方面。一般人追求的是“大事化小，小事化了”，不爱把事情闹大，不爱打官司。出现纠纷可以选择的解决方式多种多样，有自行和解、主动放弃争执、由村里有威望的人或者村民委员会从中调解和民事诉讼等方式。

人民调解是指在人民调解委员会的主持下，以国家的法律、法规、规章、政策和社会公德为依据，对民间纠纷当事人进行说服教育、规劝疏导，促使纠纷各方当事人互谅互让，经平等协商，自愿达成协议，消除纷争的一种活动。

一般来说，村民委员会设立人民调解委员会，而且乡镇也设立人民调解委员会。人民调解委员会是基层人民群众的自治性组织，而不是国家机关。人民调解委员会的任务是调解民间纠纷，包括发生在公民与公民之间、公民与法人和其他社会组织之间涉及民事权利义务争议的各种纠纷。通过调解工作宣传法律、法规、规章和政策，教育公民遵纪守法，尊重社会公德，预防民间纠纷发生。人民调解工作的原则包括：双方当事人平等自愿的原则，人民调解委员会依法调解的原则，不限制当事人诉讼权利的原则等。

在人民调解活动中，纠纷当事人享有下列权利：

①自主决定接受、不接受或者终止调解，要求有关调解人员回避；

②不受压制强迫，表达真实意愿，提出合理要求；

③自愿达成调解协议。

在人民调解活动中，纠纷当事人承担下列义务：

①如实陈述纠纷事实，不得提供虚假证明材料；

②遵守调解规则；

③不得加剧纠纷、激化矛盾；

④自觉履行人民调解协议。

人民调解委员会调解民间纠纷不收费。司法行政机关依照《人民调解工作若干规定》对人民调解工作进行指导和管理，具体工作由乡镇司法所（科）负责。

村民委员会的人民调解委员会根据需要，可以以自然村为单位，设立调解小组，聘任调解员；乡镇人民调解委员会委员由下列人员担任：本乡镇辖区内设立的村民委员会的人民调解委员会主任；本乡镇的司法助理员；在本乡镇辖区内居住的懂法律、有专长、热心人民调解工作的社会志愿人员。村民委员会的人民调解委员会调解不了的疑难、复杂民间纠纷和跨地区的民间纠纷，由乡镇人民调解委员会受理调解，或者由相关的人民调解委员会共同调解。

群众甘苦无小事。许多表面上看似鸡毛蒜皮的小事，处理不好，就有可能由民事纠纷转成刑事案件，酿成滔天大祸。大学生村官应该把群众的“小事”放在心上，用智慧、热情和春天般的话语化解农村百姓的邻里纠纷。大学生村官除自己参与调解工作外，还可以依靠村里的老党员、老干部、学法积极分子组成志愿调解员队伍，开展矛盾纠纷排查和调解工作，把矛盾纠纷消除在萌芽状态；解决不了的，也应耐心引导村民通过合法途径去解决，防止矛盾升级；还可以把调解矛盾纠纷的责任落实到村民小组内部，真正做到抓早、抓小、抓苗头和“小事不出组，大事不出村”。

六、创新发展思维，建设和谐新农村

(一)农村和谐社会的内涵

1. 和谐社会的提出

和谐，本意指搭配、配合得当，或者说是各事物、各要素、各指标之间均衡、协调发展的一种状态。如果说家庭和谐是我们每个中国人一生的追求，那么社会和谐则是我们中华民族不懈的奋斗目标。历史的车轮行进至21世纪初，构建和谐社会被党和政府作为奋斗目标明确地提了出来。中共中央于2002年提出了“社会更加和谐”的目标，2003年提出要统筹经济与社会发展的关系；2004年9月党的十六届四中全会明确提出了“构建社会主义和谐社会”这一新命题，并指出和谐社会的核心是以人为本、和谐发展。和谐社会具体表现为：农村与城市和谐发展，人与自然和谐发展，人与社会和谐发展，社会与经济和谐发展，政治与经济和谐发展，物质文明与精神文明和谐发展。2005年2月19日，胡锦涛总书记在中共中央举办的省部级主要领导干部“提高构建社会主义和谐社会能力专题研讨班”开班式上发表重要讲话，指出：“我们所要建设的社会主义和谐社会，应该是民主法治、公平正义、诚信友爱、充满活力、安定有序、人与自然和谐相处的社会。"这是关于社会主义和谐社会六大特征最权威、最全面的解释。

2.农村和谐社会的内涵

农村与城市的和谐发展是和谐社会的重要表现,也是实现和谐社会公平正义的题中之意。如果把中国比作一只雄鹰,农村和城市就犹如这只雄鹰的双翼,只有双翼和谐舞动,雄鹰才能展翅高飞,越飞越高;如果把中国比作一匹骏马,农村和城市就犹如这匹骏马的四蹄,只有四蹄和谐飞扬,骏马才能奋蹄驰骋,越行越远。

农村和谐社会对于农村内部来讲,是指农村社会的政治、经济、文化、自然等协调发展,人与人之间、人与社会之间、人与自然之间关系融洽的一种稳定状态。其特征是实现农民的全面发展和农村社会的全面进步,农村物质文明、政治文明、精神文明、生态文明的全面与协调发展,从而实现农村的可持续发展。农村和谐社会对于国家整体来说,是指农村与城市在各个方面的和谐发展,农村在经济、社会等各方面赶上城市发展的步伐,最终实现协调发展。

我国的城乡差距主要表现为农村的相对落后。因此,建设社会主义和谐社会,重点在农村,难点也在农村,希望还在农村。农村和谐社会的构建是全面实现社会主义和谐社会的关键之所在。这就要求我们首先要充分认识到目前农村与城市、与和谐社会的差距，进而针对这些差距采取相应的措施，纠正偏差，弥补不足，从而有的放矢地去建设和谐新农村，进而建成社会主义和谐社会。

3. 城乡差距凸显城市和农村发展的不和谐

随着工业化、城市化进程的加快，工农业差距、城乡差距进一步拉大，城市和农村发展不和谐的问题日益明显。

①居民收入方面。农民收入增长缓慢，城乡居民收入差距持续扩大。1978 年全国城镇居民人均可支配收入是农村居民人均纯收入的 2.36 倍，1983 年缩小到 1.70 倍。但是，自此以后城乡居民收入差距呈现逐步扩大的趋势，1994 年扩大到 2.60 倍，2004 年为 3.21 倍，2007 年进一步扩大到 3.32 倍。而 2009 年农村居民人均纯收入实际增长 8.5%，落后于城镇居民人均可支配收入实际增长 9.8%的水平。

②科技教育方面。农村科技教育事业较城市落后。农民受教育程度相对较低、科学文化素质普遍偏低，农业科技力量薄弱等因素已成为制约农村经济发展的瓶颈，严重影响了农民收入的增长，也是造成我国城乡居民收入差距持续拉大的重要原因。甚至可以说，农业科教落后与农民素质偏低已成为建设农村和谐社会的根本障碍。

③社会保障制度建设方面。目前，我国城镇社会保障制度基本建立并日益完善。但是，农村社会保障制度

建设比较缓慢，存在制度不健全、保障水平低、社会化程度低、政府扶持力度小、覆盖范围窄等诸多问题。农村社会保障制度建设的滞后，也使社会损失了一个矫正市场分配不公的工具。有这样一句话用来形容社会保障制度的这一功能十分贴切，那就是“社会虽然不能阻止老天下雨，但却可以生产雨伞”。“下雨”是指市场经济条件下人们收入差距的产生，“雨伞”则是指社会保障制度。借助社会保障制度，通过社会保障资金的筹集和使用，改变国民收入在社会成员之间的分配格局，可以在一定程度上起到纠正市场分配不公、防止社会成员贫富差距过大的作用。作为一种促进社会公平的重要手段，社会保障制度在我国城乡之间建设的不同步，成为我国社会发展中的又一个不和谐音符。

仅上述几点，就可看到建设和谐新农村要实现的目标与现实之间的差距，而这些差距也为我们指明了努力的方向。

（二）发展农村科技教育

1. 农村科技教育服务的类型

一是针对从农业中转移出的劳动力的转岗就业培训。这类培训的目的在于使农民掌握一技之长，从而比较顺利地进入第二产业、第三产业就业或创业。转岗就业培训包括职业技能培训和引导性培训。

二是针对继续留在第一产业的农村劳动力的科技培训。此类培训的目的在于对务农农民开展农业生产经营技能及相关知识培训，提高农民对农业科技的吸纳能力和务农技能。

三是农村实用人才培养和农民学历教育。实用人才总量不足、地域分布不均衡、学历总体偏低等问题是影响我国农业和农村稳定、持续、协调发展的突出问题。加强对留得住、用得上的农村实用人才的培养，提高他们的增收致富和示范带动能力，对于提高农业综合生产水平，促进粮食增产、农民增收和农村繁荣稳定具有重要意义。

2. 参与发展农村科技教育工作的单位和部门

一是政府部门。目前，负责开展农村科技教育工作的有农业、教育、科技、劳动保障、财政、共青团、妇联等多个政府部门和社会团体。但是在乡镇政府机构设置中，一般没有专设负责发展农村科技教育的科室，农村科技教育职能分散在多个部门或单位，如农业科、劳动和社会保障科（所）、宣传部、组织部、妇联、共青团等。这些部门分别与其上级对口单位对应，按照上级对口单位的要求和部署开展不同类型的科技教育服务工作。

二是承担具体任务的单位和机构。这些单位和机构包括：农业部门下属的农业广播电视学校、劳动部门所属的职业技能培训学校、教育部门设立的成人教育学校、科技部门建立的星火学校、县（市、区）设立的成人教育中心、乡镇所属的农民技术学校及其他教育培训机构。此外，一些社会力量办学机构也参与其中。

三是村民委员会。发展农村科技教育的具体工作都要依靠村民委员会组织实施。村民委员会负责组织村民参加和接受各类科技教育培训和服务，同时为乡镇分管干部和村民之间架起一座沟通、交流的桥梁。也就是说，一方面，村民委员会要热情、耐心地向村民讲解科技教育培训和服务的目的、意义和内容，调动村民参加培训的热情；另一方面，要利用与农民密切接触的工作便利，了解农民迫切需要什么样的培训和服务，包括内容、方式、时间等，及时反映给乡镇分管领导和干部，以便实现农村科技教育服务的供求对接，提高该工作的效能。

3. 大学生村官参与发展农村科技教育工作的基本要求

一是在深入了解农民意愿的基础上探求新的科技教育服务方式。我国农村幅员辽阔，各地所处地理位置不同，经济发展水平不一，自然和社会环境不同，农民自身的素质状况不同，发展的主导产业不同，科技教育服务方式也应有所不同。本着创新发展思维，创造性开展工作的原则，在深入群众生活、充分了解农民意愿的基础上，思考效率更高、成本更低、效果更好、更具长效性的科技教育服务方式，向有关领导提出切实可行的合理化建议。

二是及时发现问题，总结经验和教训。现阶段，各地都将发展农村科技教育工作作为推进新农村建设和建设和谐新农村的突破口，政府及有关部门为此做了大量工作，加大了对农民科技教育的力度，农民的整体素质也有了一定程度的提高，但是也存在一些与形势发展要求相背离的问题。大学生村官要充分利用自己的知识和头脑，及时发现工作中存在的问题，总结成功的经验和失败的教训，提出切实可行的解决方案，以便更好地开展工作。

三是利用各种社会资源，为村民提供一些急需的和有针对性的科技教育服务。党的十六届四中全会指出："坚持最广泛最充分地调动一切积极因素，不断提高构建社会主义和谐社会的能力。"如果自己的老师、朋友具有当地农民需要的知识、专长、技能等，理应属于应该被调动的一切"积极因素"之列，在征得党支部和村民委员会的同意后，可以邀请他们来你所在的乡村开展某一方面的专门培训。在征得老师、朋友同意后，还可以向村民发放这些人的联系卡，以便为有需要的村民提供长期的"一对一"的科技服务。当然，如果能和自己所学专业挂上钩，也可以尝试自己为村民提供一些科技教育服务，不仅实现学以致用，还可以赢得村民的信赖，为以后其它工作的开展打下良好基础。

（三）改善农村医疗卫生环境

1. 农村医疗卫生环境落后的主要表现

一是公共卫生环境状况差。我国多数农村公共卫生环境状况都可以用脏、乱、差来描述，如生产和生活垃圾随意堆放，缺乏粪便和污水处理设施，以及由于缺乏安全饮水条件而不得不以未经处理的自来水、井水、地表水为饮用水等。公共卫生环境状况差成为直接危害农民身体健康的一大隐患。

二是农民普遍缺乏基本医疗卫生常识。相当一部分农民对小病的重视程度不高，看病的随意性较大，缺乏基本的用药常识。以北京为例，2005 年 11 月至 2006 年 3 月，北京市发展改革委员会为掌握和摸清远郊区县农民需求和农村社会公共服务供需状况，成立了“北京市新农村社会公共服务建设研究”课题组，开展了“千村千户”调查工作。调查结果显示，农民的基本医疗卫生常识比较缺乏，具体表现为：农民患有头疼脑热等小病时，有 77.6％的人不去找医生诊治，靠自己买药直接医治；有 4.8％的人既不去找医生诊治，也不吃药；只有 16.8％的人去找医生诊治。靠自己买药直接医治的 773 名小病患者中，70.4％是自己到药店买药，18.2％是找医生开药，9.2％的人吃以前剩余的药，1.6％的人是从批发市场买药，还有 0.6％是别人送的。这一调查结果在很大程度上反映出我国广大农村医疗卫生软环境落后的程度。

三是生活方式不科学。世界卫生组织曾发布一个健康公式：影响健康的因素＝60％生活方式＋15％遗传＋10％社会＋8％医疗＋7％气候。也就是说，生活方式对人的健康的影响程度超过一半。而由于生活方式和习惯的不科学、不合理，加之生活和生产环境的不卫生等因素的影响，恶性肿瘤、高血压、心脑血管病、糖尿病等严重疾病的患病人数在农村也不断增加，甚至成为威胁农民健康的主要病种；一些地方的农村甚至出现了急性传染病和慢性严重疾病并存的状况。

2.改善农村医疗卫生环境工作的主要内容

改善农村医疗卫生环境是一个系统工程，不仅要求政府增加投入，合理配置医疗卫生资源，提高基层医疗卫生从业人员的技能，增强基层医疗卫生服务的质量，还需要在改善公共环境卫生和提高农民基本卫生保健知识水平，以及帮助农民养成良好的生活方式等方面下功夫。大学生村官参与这项工作，应注意以下几个方面的内容：

一是协助村民委员会开展相关工作。目前，很多地方结合新农村建设在整治村容村貌，一些地方在开展旱厕改造、农村安全饮用水工程等项目。大学生村官应该充分发挥自己的文字表达和处理能力，与党支部、村民委员会领导班子成员一起，将本村的实际情况和困难以文字材料的方式向上级部门反映，争取项目和资金支持。

二是促进本村公共卫生环境的改善。通过多种形式引导、促进农民重视和改善家庭生活卫生和公共生活与生产环境卫生，组织、发动村民参与“卫生家庭标兵”的评选活动，营造“共同美化环境、美化共同环境”的良好社会氛围。

三是宣传基本医疗卫生知识。通过村广播、宣传栏、讲座、宣传片、小册子、知识竞赛等形式向村民宣传基本医疗卫生知识，提高农民对疾病，尤其是一些常见病、多发病的了解，普及用药常识，减少或避免小病被耽误成大病以及误服药物给身体造成重大伤害等情况的发生，促进农村健康教育事业的发展，改善农村医疗卫生的软环境。

四是倡导科学、文明的生活方式。通过多种途径，帮助村民了解什么是科学、文明的生活方式，认识自己的生活方式有哪些不可取之处，会带来哪些危害，潜移默化地帮助村民抛弃陈旧的不科学的生活习惯和意识，引导村民养成良好的饮食习惯、卫生习惯和生活习惯。

（四）建立农村社会保障体系

目前，我国农村已基本建立起来的社会保障制度是农村最低生活保障制度和新型农村合作医疗制度，农民养老保险制度正在积极探索之中。

1. 农村最低生活保障制度

通过在全国范围建立农村最低生活保障制度，将符合条件的农村贫困人口全部纳入保障范围，是稳定、持久、有效地解决农村贫困人口温饱问题的重要举措，也是建立覆盖城乡的社会保障体系的重要内容，对于实现在基本生活救助制度方面城乡困难群众同等待遇，促进农村经济社会发展，逐步缩小城乡差距，维护社会公平具有重要意义。1997 年部分有条件的省市开始建立农村最低生活保障制度。2007 年国务院发布《关于在全国建立农村最低生活保障制度的通知》，对农村最低生活保障制度进行了全方位的规范。该项制度的框架已经基本建立，现阶段的工作重点是狠抓落实。

(1)把握政策要点

农村最低生活保障制度政策性强，涉及面广，业务量大。大学生村官从事这项工作，需要准确把握政策要点。一是了解所在地最低生活保障标准。农村最低生活保障标准，由县级以上地方人民政府按照能够维持当地农村居民全年基本生活所必需的吃饭、穿衣、用水、用电，并适当考虑水、电、燃煤(柴)等因素确定，报上一级地方人民政府备案后公布执行。最低生活保障标准线也并非一成不变，省级人民政府会根据当地经济社会的发展、人民生活水平的提高，以及物价指数的变动，对本地农村最低生活保障标准作适当调整。二是准确理解当地对最低生活保障待遇享受者的限定条件。一般来说，保障对象是家庭年人均纯收入低于当地最低生活保障标准的农村居民，主要是因病残、年老体弱、丧失劳动能力，以及生存条件恶劣等原因造成生活常年困难的农村居民。

(2)熟悉工作流程

村民委员会受县(市、区)、乡(镇)人民政府委托，承担受理本辖区农村最低生活保障待遇的申请、日常管理及服务等工作。熟悉工作流程对于大学生村官开展工作很重要。

首先，受理农户申请。申请享受农村最低生活保障待遇，要求以家庭为单位，由户主本人向户籍所在地村民委员会提出申请，同时要求申请人提交户口簿、居民身份证、家庭收入情况的有关凭据及其他证明材料。

其次，组织民主评议。接受乡（镇）人民政府委托，在村党组织领导下，由村民委员会对申请人开展家庭经济状况调查，核实其家庭基本情况，组织村民会议或村民代表会议民主评议后，提出初步意见，报乡（镇）人民政府。

第三，政府审核和审批。乡（镇）人民政府对接到的初步意见进行审核，报县级人民政府民政部门审批。乡（镇）人民政府和县级人民政府民政部门要通过入户调查、邻里访问等方式，核查申请人的家庭收入，了解其家庭财产、劳动力状况和实际生活水平，并结合村民民主评议，提出审核、审批意见。

第四，民主公示。对批准享受最低生活保障待遇的家庭，村民委员会应及时在其户口所在地张榜公布，接受群众监督。公示的重点内容应包括：最低生活保障对象的申请情况和对最低生活保障对象的民主评议意见，审核、审批意见，实际补助水平等。

第五，落实待遇。对公示没有异议的，要按程序及时落实申请人的最低生活保障待遇。一般是由村民委员会接受乡（镇）人民政府委托，以货币形式每月发放一次；交通不便地区也可每季度发放一次。行动不便的由村民委员会代领并负责发放到位。对公示有异议的，要进行调查核实，认真处理。

最后，做好农村最低生活保障待遇的复审、变更工作。对享受农村最低生活保障待遇家庭的人口和收入等状况，每年复审一次，并根据变化，对困难程度缓解且收入水平已在最低生活保障标准以上的家庭，不再享受最低生活保障待遇，停发最低生活保障金；对收入发生变动但仍在最低生活保障标准以下的家庭，要增发或减发最低生活保障金。同时，协助乡（镇）人民政府采取多种形式，定期或不定期调查了解农村困难群众的生活状况，及时将符合条件的困难群众纳入保障范围。

(3)工作的基本要求

为了把农村最低生活保障这件好事办好、办实，切实保障最低生活保障制度的实施效果，工作中要注意以下几点：

第一，真诚与村民沟通，向村民讲清政策，尤其是最低生活保障制度的目标、原则，以及申请最低生活保障待遇必须符合的条件。要耐心、细致地解答村民的疑惑和疑问，让群众明明白白地参与到农村最低生活保障工作中来。

第二，全面、准确地掌握申请者的真实收入状况。这是做好最低生活保障工作的难点和关键所在。工作中一定要注意方式方法。一方面要尊重村民，掌握好谈话的语气和分寸；另一方面又要保证能了解到其收入的真实情况，做到公平和公正。

第三，要做到工作细致，程序明确，操作规范。与工作有关的一切活动都要做好记录。最低生活保障金的发放和领取手续要齐备，防止冒领，确保发放到位。

第四，及时发现工作中的问题，及时总结工作中的经验教训，及时了解村民的意见和要求，及时解答村民的有关疑问，及时向党支部和村民委员会成员反映情况，确保把工作做实做好。

2. 新型农村合作医疗制度

新型农村合作医疗制度是由政府组织、引导、支持，农民自愿参加，个人、集体和政府等多方筹资，以大病统筹为主，并兼顾小病的农民互助互济医疗制度。其基本做法是：自愿参加合作医疗的农民，以家庭为单位每人每年缴纳一定数额的合作医疗资金，同各级政府补助的资金一起形成合作医疗基金；参加合作医疗的农民每次在定点医疗机构就诊时，便可得到不同比例的医疗费用的报销。

建立和完善新型农村合作医疗制度是党中央、国务院统筹城乡发展，促进农村经济社会发展的重要举措，对于构建社会主义和谐社会具有重大意义。该制度自 2003 年开始试点，目前已顺利转向全面推进阶段，2008 年在全国范围内已基本建立起农村新型合作医疗制度。

根据卫生部的有关通报，2009 年全国新型农村合作医疗筹资总额达 944.35 亿元。其中，中央财政补助资金 269.62 亿元，地方财政补助资金 471.98 亿元，农民个人缴费 194.17 亿元（含相关部门为救助对象参加新型农村合作医疗缴费 9.17 亿元)，利息收入及其它 8.58 亿元。全国实际人均筹资水平为 113.37 元，比 2008 年提高了 17.12 元。

2009 年全国新型农村合作医疗基金支出总额为 922.92 亿元，基金使用率为 97.73%。其中，住院补偿支出 762.47 亿元，门诊补偿支出 121.81 亿元，特殊病种大额门诊补偿支出 11.90 亿元。

2009 年全国参加新型农村合作医疗受益的农民达 7.59 亿人次。其中，住院补偿 0.62 亿人次，门诊补偿 6.7 亿人次，特殊病种大额门诊补偿 0.05 亿人次。统筹基金最高支付限额提高到当地农民人均纯收入的 6 倍左右，初步统计政策范围内住院费用报销比例已达到 55%。

另外，全国三分之一的地区开展了门诊统筹工作，陕西、安徽、云南等地开展支付方式改革试点，浙江、广西等地启动地市级统筹试点。

需要强调的是，新型农村合作医疗制度虽然已经在农村地区实现了全面覆盖，但仍然面临着巩固提高、持续健康发展的艰巨任务。大学生村官应以深厚的感情关心广大农民健康，增强做好自身工作的历史使命感和紧迫感，为缩小城乡医疗卫生差距，促进城乡居民健康公平尽一份绵薄之力。

(1)主要工作流程

第一，详细、准确了解相关政策。如果负责为村民办理新型农村合作医疗事宜，大学生村官应该首先熟悉当

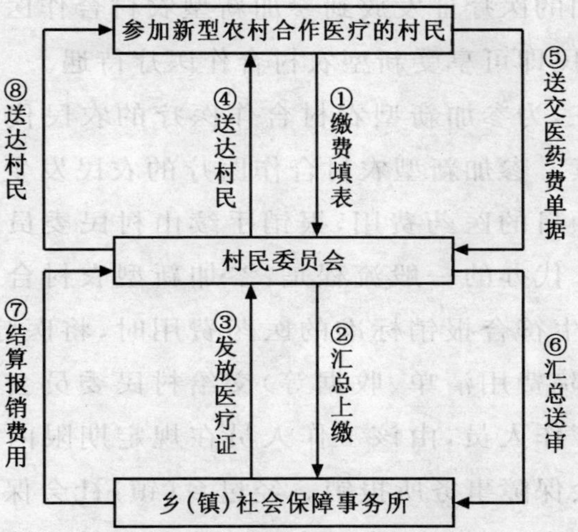

图6-1　以村民委员会为纽带的新型农村合作医疗工作流程

地的新型农村合作医疗政策和相关规定，如交费标准、交费时间、享受医药费报销的时间、可以报销的医院、医药费报销的具体规定等，做到心中有数，以便及时、准确地宣传政策，并为农民解惑答疑，帮助农民更好地理解有关规定。

第二，为农民代办参加新型农村合作医疗的手续。村民参加合作医疗，以户为单位到户口所在地村民委员会报名，缴纳本户参加合作医疗的费用，并由村民委员会代为填写新型农村合作医疗登记表。在报名日期截止后，村民委员会派专人到乡(镇)社会保障事务所集中代办后续手续。其后，村民委员会把从乡(镇)社会保障事务所领回的医疗证发放到参加新型农村合作医疗的村民手中，村民即可享受新型农村合作医疗待遇。

第三，为参加新型农村合作医疗的农民代办报销医药费手续。参加新型农村合作医疗的农民发生符合报销范围和项目的医药费用，报销手续由村民委员会工作人员代办。代办的一般流程是：参加新型农村合作医疗的人员，发生符合报销标准的医药费用时，将医疗证、相关单据（住院费用清单、收据等）交给村民委员会负责合作医疗的工作人员，由该工作人员在规定期限内统一到乡（镇）社会保障事务所报销。经过乡（镇）社会保障事务所初审、县（市、区）新型农村合作医疗制度管理委员会办公室复审核准后，由后者将报销款转账划拨给乡（镇）社会保障事务所，村民委员会工作人员到乡（镇）社会保障事务所领取报销款后再发放到村民手中。

(2)工作的基本要求

从上述一般流程看，村民委员会在新型农村合作医疗工作中起着非常重要的作用，无论是办理参加合作医疗的手续，还是报销医疗费用，村民基本上只与村民委员会发生关系，相关的手续均由村民委员会代为办理。如果你是一位负责这项工作的大学生村官，可以毫不夸张地说，你就是乡（镇）社会保障事务所与参加新型农村合作医疗的农民之间的桥梁和纽带。所以，在工作中必须注意做到以下几点：

第一，工作要认真细致。为参加新型农村合作医疗的农民办理医疗费用报销手续，不仅工作繁琐，而且事关村民经济利益，工作一定要认真、细致，避免发生差错。另外，一些地方的新型农村合作医疗工作仍然是手工操作，重复简单的劳动。如果条件允许，可以建议有关领导用计算机为参加新型农村合作医疗的村民建立档案，不仅可以节省人力、提高工作效率，还可以规范新型农村合作医疗的管理工作。

第二，做好新型农村合作医疗的宣传工作，稳定并进一步提高新型农村合作医疗的“参合率”（参加新型农村合作医疗的农民的比例）。一些地方的新型农村合作医疗的“参合率”还有较大的提升空间，所以还需要坚持不懈地进行政策宣传。宣传语言要通俗易懂，要做好未参加新型农村合作医疗农民的走访工作，引导其参加新型农村合作医疗，提高新型农村合作医疗的“参合率”，使更多农民受益。

第三，发现问题及时总结和汇报，并提出合理化建议。总体来说，新型农村合作医疗工作进展顺利，运行平稳，但是也存在着一些困难和问题。作为有知识、有文化、有头脑的大学生村官，应该也可以做到及时发现工作中的问题，及时汇报，并提出具有可操作性的合理化建议。

3. 农村养老保险制度

(1)我国农村养老保险制度沿革

农民养老保障问题自改革开放后就受到政府的重

视。在不同的时期，结合客观经济形势和实际情况，政府部门陆续出台了多个相关政策和文件：

1986 年 10 月，民政部和国务院有关部委在江苏召开“全国农村基层社会保障工作座谈会”，决定“在农村经济发达和较发达的地区，发展以社区（乡镇、村）为单位的农村养老保险，由此拉开了探索建立农村社会养老保险事业的序幕。

1991 年 6 月，民政部制定了《县级农村社会养老保险基本方案》，于 1992 年 1 月正式下发全国；1995 年 10 月，国务院办公厅转发民政部《关于进一步做好农村社会养老保险工作的意见》，进一步推动规范这项工作。

根据党的十七大和十七届三中全会精神，国务院下发《关于开展新型农村社会养老保险试点的指导意见》，决定从 2009 年起开展新型农村社会养老保险试点，农村老年人“老有所养”开始有了制度性保障。2009 年试点覆盖面为全国 10%的县（市、区），以后逐步扩大试点，2020 年之前基本实现对农村适龄居民的全覆盖。

(2)“老农保”与“新农保”

通常，将 1986 年开始探索，1991 年试点推开的农村养老保险简称为“老农保”，以区别于 2009 年开始试点的新型农村社会养老保险——“新农保”。

按照 1991 年的《县级农村社会养老保险基本方案》，“老农保”养老模式的主要内容包括：资金筹集遵循个人交纳为主、集体补助为辅、国家予以政策扶持的原则；个人缴纳资金与集体补助资金记于个人名下；保费设有多个档次，供不同收入水平和经济承受能力的参保农民选择。此种模式中，政府未直接承担财力支持的责任，而大多数集体无力或不愿对农村社会养老保险给予补助，是事实上的“个人储蓄保险”，无法发挥保险所应具有的互助共济功能。其后，尤其是进入21世纪后，一些有条件的地方，如北京等地，对《县级农村社会养老保险基本方案》进行了一些改革和创新。其中，改革与创新之处主要体现在实行“个人缴费、集体补助、政府补贴”的保费缴纳方式，与1991年《基本方案》比较，其突破在于政府在农村社会养老保险制度建设中承担了明确的责任，但是由于财政补贴有限，个人缴费标准较高，在一定程度上影响了农民参保的积极性。

“新农保”探索建立个人缴费、集体补助、政府补贴相结合的养老保险制度，实行社会统筹与个人账户相结合，与家庭养老、土地保障、社会救助等其他社会保障政策措施相配套，保障农村居民老年基本生活。与“老农保”相比，“新农保”待遇中增加了基础养老金部分，规定参保人员缴费满15年除享受个人缴费、政府补贴等资金来源积累的个人账户养老金外，还可以享受由政府财政出资建立的基础养老金；同时，不仅明确了各级政府的资金投入职责，还加大了对参保农民的补贴力度。根据人力资源和社会保障部的通报，截至2010年5月，我国新型农村养老保险参加试点的27个省区320个县和4个直辖市的部分地区已有 5199 万人参保，占试点地区 16 周岁以上农村人口总数的 78%，1633 万名经确认符合条件的农村老年居民已按月领取养老金。

(3)“新农保”试点的政策要点

第一，基本原则。“新农保”试点的基本原则是“保基本、广覆盖、有弹性、可持续”。具体讲就是：一是从农村实际出发，低水平起步，筹资标准和待遇标准要与经济发展及各方面承受能力相适应；二是个人（家庭）、集体、政府合理分担责任，权利与义务相对应；三是政府主导和农民自愿相结合，引导农村居民普遍参保；四是中央确定基本原则和主要政策，地方制订具体办法，对参保居民实行属地管理。

第二，参保范围。年满 16 周岁（不含在校学生）、未参加城镇职工基本养老保险的农村居民，均可以在户籍所在地自愿参加“新农保”。

第三，基金筹集。“新农保”基金由个人缴费、集体补助、政府补贴等部分构成。其中，参保的农村居民个人缴费标准目前设为每年 100 元、200 元、300 元、400 元、500 元 5 个档次（地方可以根据实际情况增设缴费档次），参保人自主选择档次缴费，多缴多得。国家依据农村居民人均纯收入增长等情况适时调整缴费档次；集体补助是指有条件的村集体对参保人缴费给予一定补助，补助标准由村民委员会召开村民会议民主确定。同时，鼓励其他经济组织、社会公益组织、个人为参保人缴费提供资助；政府补贴包括两项内容：一是政府对符合领取条件的参保人全额支付“新农保”基础养老金，其中中央财政对中西部地区按中央确定的基础养老金标准给予全额补助，对东部地区给予50%的补助。二是地方政府对参保人缴费给予补贴，补贴标准不低于每人每年30元；对选择较高档次标准缴费的，可给予适当鼓励，具体标准和办法由省级人民政府确定。对农村重度残疾人等缴费困难群体，地方政府为其代缴部分或全部最低标准的养老保险费。

第四，为参保人员建立个人账户。国家为每个“新农保”参保人建立终身记录的养老保险个人账户。个人账户的资金来源包括：个人缴费，集体补助及其他经济组织、社会公益组织、个人对参保人缴费的资助，地方政府对参保人的缴费补贴。同时，个人账户储存额每年参考中国人民银行公布的金融机构人民币一年期存款利率计息。

第五，养老金待遇的组成。养老金待遇由基础养老金和个人账户养老金组成，支付终身。其中，中央确定的基础养老金标准为每人每月55元。地方政府可以根据实际情况提高基础养老金发放标准，对于长期缴费的农村居民，可适当加发基础养老金，提高和加发部分的资金由地方政府支出；个人账户养老金的月计发标准为个人账户全部储存额除以139。参保人死亡，个人账户中的资金余额，除政府补贴外，可以依法继承；政府补贴余额用于继续支付其他参保人的养老金。国家根据经济发展和物价变动等情况，适时调整全国“新农保”基础养老金的最低标准。

第六，养老金待遇领取条件。年满60周岁、未享受城镇职工基本养老保险待遇的农村有户籍的老年人，可以按月领取养老金；“新农保”制度实施时，已年满60周岁、未享受城镇职工基本养老保险待遇的，不用缴费，可以按月领取基础养老金，但其符合参保条件的子女应当参保缴费；距领取年龄不足15年的，应按年缴费，也允许补缴，累计缴费不超过15年；距领取年龄超过15年的，应按年缴费，累计缴费不少于15年。

(4)做好农村养老工作的基本要求

建立“新农保”制度是深入贯彻落实科学发展观、加快建设覆盖城乡居民社会保障体系的重大决策，是应对国际金融危机、扩大国内消费需求的重大举措，是逐步缩小城乡差距、改变城乡二元结构、推进基本公共服务均等化的重要基础性工程，是实现广大农村居民老有所养、促进家庭和谐、增加农民收入的重大惠民政策。大学生村官参与这项工作的基本要求包括：

第一，准确把握政策并大力宣传。如果当地正在开展这项工作，作为一名刚开始参与这项工作的大学生村官，要准确把握农民养老保险政策，运用通俗易懂的宣传方式，加强对试点工作重要意义、基本原则和具体政策，如参保年龄、缴费方式、缴费时间、缴费金额、享受养老金条件等的宣传，使这项惠民政策深入人心，引导适龄农民积极参保。

第二，正确为农民办理参保手续，建立参保档案。开展“新农保”试点的地区，要认真记录农村居民参保缴费和领取待遇情况，建立参保档案，长期妥善保存；建立全国统一的“新农保”信息管理系统，纳入社会保障信息管理系统（“金保工程”）建设，并与其他公民信息管理系统实现信息资源共享；要大力推行社会保障卡，方便参保人持卡缴费、领取待遇和查询本人参保信息。

第三，及时与乡（镇）社会保障事务所沟通。要注意思考与发现试点工作中出现的新情况、新问题，积极探索和总结解决新问题的办法和经验，重要情况要及时与主管部门沟通，及时向有关领导和工作人员反映，以便有关部门及时了解情况，从而及时和有针对性地开展工作，最大限度地为农民服务。

第四，创新发展思维，积极思考更好解决农民养老问题的办法。我国数以万计的行政村村情各异，村民人均收入高低不同、集体经济强弱不一、村民关系千差万别，对于一个具体的行政村来说，如何在现行养老政策和制度之外，更充分地动员和整合资源，因地制宜为农民提供更多层次的保障，更好地解决老年人的养老问题，提高其老年生活质量是大学生村官应积极思考的问题之一。

此外，如果有必要，大学生村官还需要及时、准确掌握当地的一些特殊政策。如“新农保”制度与被征地农民社会保障、水库移民后期扶持政策、农村计划生育家庭奖励扶助政策、农村五保供养、社会优抚、农村最低生活保障制度等政策规定的配套衔接，以便更好地为当地农民服务。

（五）农村计划生育与人口政策

1. 计划生育和人口政策的含义与关系

计划生育政策是国家在人口生育领域内对人口出生的数量和质量进行客观指导的具体措施，也是国家为实现一定时期社会经济发展目标而对人们的生育行为提出的要求。人口政策是国家对人口发展的总要求，即国家在调节和干预人口发展过程时采取的态度、手段和措施，包括人口生育政策、人口婚姻政策、人口就业政策、人口迁移政策等。可见，计划生育政策与人口政策既有联系又有区别。人口政策包括计划生育政策，而计划生育政策是人口政策的核心部分。贯彻落实计划生育政策是实施人口政策的重要前提和保证。

计划生育政策是我国一项长期的基本国策。控制人口数量、提高人口素质是我国人口政策的精髓，而贯彻这些政策的重点和难点都在农村。可以说，农村人口问题是解决“三农”问题和建设新农村的关键因素。全面落实科学发展观，构建社会主义和谐社会，迫切需要统筹解决人口数量、素质、结构和分布等问题。这对我国农村的人口和计划生育工作提出了新的更高的要求。

改革开放30多年来，农村人口和计划生育工作取得了巨大成就，广大农民为农村进入低生育水平和全国低生育水平的稳定做出了突出贡献。尤其是社会经济发展相对较好的地区，随着新型农村合作医疗、新型农村社会养老保险等农村社会保障制度的日益健全，随着农村计划生育优惠、扶助、奖励等政策的落实和进一步完善，传统的婚育观念正在发生根本性转变。但是，也应该清醒地认识到，在某些地区尤其是某些经济落后的地区，人口和计划生育工作的形势依然严峻，甚至堪称是“天下第一难事”，稳定我国农村低生育水平依然任重道远。

2.现阶段农村人口和计划生育工作的总要求

现阶段，我国农村人口和计划生育工作的总要求是：以党的十七大精神为指导，深入贯彻落实《中共中央国务院关于全面加强人口和计划生育工作统筹解决人口问题的决定》，将农村人口和计划生育工作纳入社会主义新农村建设的总体部署，完善利益导向政策，强化服务和管理体系，建立健全依法管理、村民自治、优质服务、政策推动、综合治理的长效工作机制，维护群众实行计划生育的合法权益，引导群众自觉实行计划生育，稳定低生育水平，统筹解决人口问题，为促进建设社会主义新农村、构建社会主义和谐社会、全面建设小康社会创造良好的人口环境。

3.农村人口和计划生育政策的主要内容

掌握政策要点是大学生村官开展人口和计划生育工

作的基础和前提。农村人口和计划生育政策主要包括生育和奖励政策。

(1)生育政策

生育政策主要涉及晚婚晚育的年龄限定、生育第一个子女应办理的一些手续和生育第2个子女的审批条件等方面的内容。

具体讲，在我国，男年满25周岁、女年满23周岁初婚的为晚婚；已婚妇女年满23周岁妊娠生育第一个孩子的为晚育。

在生育第1个子女前，到夫妻一方户籍所在地乡(镇)人民政府登记注册，免费领取《计划生育服务手册》，凭手册享受计划生育优生优惠服务。

如果出现某些特殊情况，经夫妻双方申请、县级计划生育行政部门批准，可以申请生育第2个子女。第一种情况是，只生育一个女孩，母女均为农村居民且母亲居住在农村连续5年以上，以农林牧渔业收入为主要生活来源的；第二种情况是，夫妻双方均为农村居民且以农林牧渔业收入为主要生活来源，男方到有女无儿家结婚落户，与女方父母共同生活并履行赡养义务的，或者兄弟两人以上，只有一个有生育条件，且只生育一个子女，其他兄弟均已丧失生育条件并未收养子女的。此外，具有下列10种特殊情形之一的可以申请再生育一个子女：一是夫妻双方均为独生子女的；二是经设区的市以上计划生育技术鉴定组织确诊第一个子女为非遗传性残疾，不能成长为正常劳动力的；三是曾患不育症，依法收养一个子女后又怀孕的；四是夫妻双方均为少数民族的；五是夫妻一方从事矿工井下作业连续 5 年以上，现仍从事该项工作，只生育一个女孩的；六是夫妻一方从事外海、远洋捕捞作业连续 5 年以上，现仍从事该项工作，只生育一个女孩的；七是夫妻一方为烈士的独生子女或者二等乙级以上伤残军人的；八是夫妻一方因非遗传性残疾失去劳动能力，只生育一个女孩的；九是再婚夫妻一方只生育一个子女，另一方未生育的；十是夫妻双方再婚前各有一个子女，但都随前婚配偶，新组合家庭无子女的。

同时，需要注意的是，无论上述哪种情况，女方为初育的必须年满 25 周岁，女方为再育的必须年满 30 周岁，才可申请生育第 2 个子女。

(2)奖励政策

奖励政策主要包括对晚婚晚育的奖励、对独生子女父母的奖励，以及技术服务免费政策和奖励扶助制度。

农民实行晚婚晚育的，由乡（镇）人民政府或者村民委员会给予适当奖励，并提供优先优惠的计划生育技术服务。只有一个子女自愿不再生育的，经本人申请，所在单位或者村民委员会核实，由乡（镇）人民政府发给《独生子女父母光荣证》，凭证享受从申请当月起至子女年满 14 周岁止每月给予一定数额的奖励费。向农村实行计划生育的育龄夫妻免费提供避孕、节育技术等服务也是奖励政策的一部分内容。同时，为更好地推进计划生育工作的开展，各地越来越重视对符合条件的计划生育家庭实行各种奖励扶助政策，提供各种更为实际、有效的帮助。

4. 大学生村官参与农村人口和计划生育工作的基本要求

落实现阶段农村人口和计划生育工作的总体要求，关键是要依靠农村基层组织，依靠村民委员会开展基础性工作。根据有关部门的统一要求和部署，目前我国各个行政村都设有村级计划生育专干，并且对计划生育专干的人选条件有一定的要求，如一般要在35周岁以下、初中以上文化程度、以女性为主。大学生村官如果协助专干开展这项工作，应把握以下几点：一是一定要全面掌握我国农村计划生育和人口政策，充分认识加强农村人口和计划生育工作的必要性和紧迫性；二是广泛宣传婚育和孕前保健知识，提高出生人口素质和农村文明健康水平；三是通过多种途径、利用多种方式宣传我国的人口国情、人口和计划生育法律法规，以及生育政策，不断帮助农民树立男女平等、少生优生等文明婚育观念；四是及时与有关领导和部门沟通，维护群众实行计划生育的合法权益，帮助农民解决生产生活中遇到的实际问题，解除农民日常生活中的实际困难，引导群众自觉、自愿实行计划生育；五是在工作中要注意及时发现问题，及时汇报，并思考如何更好地做好工作。

七、做好党群工作，提供发展保障

（一）农村党组织与党员

农村基层党组织是农村各种组织和各项工作的领导核心，是党在农村全部工作的基础，肩负着组织带领广大干部群众积极投身社会主义新农村建设的重任。加强党的执政能力建设，不断增强农村基层党组织的创造力、凝聚力和战斗力，为推进社会主义新农村建设提供坚强的政治保证和组织保障，这既是解决"三农"问题、全面建设小康社会的客观需要，也是巩固党的执政地位、提高党的执政能力的必然要求。党员大学生村官要充分认识新形势下加强农村党建工作的重大意义，要发挥自己的长处，积极投身到农村党建工作中去，协助农村党组织做好各项工作，使党的农村基层组织真正发挥战斗堡垒作用。

新形势下，党员大学生村官要协助农村党组织引导广大党员干部加强学习。认真学习党在农村的各项方针政策，全面理解和准确把握新农村建设的时代背景、精神实质和基本要求，达到进一步统一思想、提高认识的目的；要发挥自身优势，结合自己在学校学到的知识，采取演讲、辅导讲座和文艺演出等多种生动活泼的形式，加强对群众的宣传教育，使新农村建设家喻户晓、深入人心，并成为农村干部群众的自觉行动。

建设新农村最重要、最根本的内容是发展农村生产力、增加农民收入。我国地域辽阔，各地经济发展不平衡，党员大学生村官要结合当地实际协助农村党组织带领广大党员围绕新农村建设的目标，充分挖掘本地资源，善造发展之势，善谋发展之策，善解发展之难，以积极进取、善于创造的志气，以不等不靠、勇于攻坚的大气，以敢为人先、敢于碰硬的勇气，加快推进农村经济发展。

农民群众是新农村建设的主体，是推进新农村建设的力量源泉。农民的积极性源于对物质利益的保障和对民主权利的尊重。党员大学生村官要协助农村党组织积极探索建立农民自我管理、自主发展的机制，依法保障农民的切身利益，切实维护好、发展好农民建设新农村的积极性、主动性和创造性。

党的基层组织是党的全部工作的基础。农村基层党组织的战斗力、凝聚力和创造力如何，直接关系到新农村建设的成效。农村基层党组织建设搞好了，农村经济社会发展就有了坚强的领导者和组织者。

党员大学生村官要同农村党员干部一道，把农村基层党组织建设成为带领群众共同致富的坚强核心。村级党组织作为新农村建设的直接实践者，必须发挥好战斗堡垒作用。要把党的各项方针政策向群众讲清楚，要把团结带领农民群众实现增收致富作为加强自身建设的出发点和落脚点，自觉发挥主观能动性，进一步解放思想、更新观念，努力提高领导农村工作的能力，在发展农村经济上敢闯敢干，在处理农村事务上敢抓敢管，并善于发挥其他村级组织的作用，善于调动农民群众的积极性，形成推进新农村建设的有效合力。

农村党员是党联系农民群众的桥梁和纽带，是推动农村经济社会发展的骨干力量。必须重视探索新的历史条件下发挥农村党员先锋模范作用的方式和机制，使广大农村党员成为带头贯彻执行党在农村的各项方针政策、带头勤劳致富和带领群众共同致富的“领头羊”。针对目前一些农村党员干部致富能力弱、在发展农村经济中带头作用不突出等问题，对其开展思想教育和市场经济知识、农村实用技术等方面的培训，提高其致富本领；引导农村党员干部勇闯市场、勇于创业，带头兴办农业科技示范园、种养基地，带头创办劳务输出、农产品经营等中介组织，使他们成为有知识、懂经营、会管理的行家里手，成为带动一方经济发展的能人，成为新农村建设中的优秀创业者。与此同时，要着眼于改善农村党员队伍结构，坚持不拘一格选人才，配合农村党组织积极做好在优秀创业者和其他高素质人才（如退伍军人、高中毕业生等）当中发展党员的工作。

建设社会主义新农村，涉及农村经济、政治、文化、社会等各个方面，必然会给农村的生产关系带来深刻变革。这对农村基层党组织的领导方式提出了新要求，党员大学生村官要协助农村基层党组织开展工作。农村基层党组织必须坚持与时俱进,要研究新情况,探索新路子,不断增强生机与活力,开创农村党建工作新局面。应始终紧紧抓住发展农村经济这个“第一要务”,抓住致富农民群众这个关键环节,努力做好农村各项工作,切实改进领导方式,不断提高领导水平,变领导为引导、变强迫为示范、变要求为服务;建立顺畅有效的村级管理机制、决策机制和议事执行机制,善于运用民主和法制的手段处理矛盾和问题。通过有效的组织和引导,促进集体经济发展壮大和农民增收致富,使农村经济蓬勃发展、农民长期得到实惠。

(二)农村青年与共青团

建设社会主义新农村是我国现代化进程中的重大历史任务,按照“生产发展、生活宽裕、乡风文明、村容整洁、管理民主”的要求,扎实稳步推进新农村建设,是党中央在新的历史条件下提出的未来一个时期我国农村改革与发展的总目标。确立这个总目标对于推进农村经济社会全面发展,具有重要意义。

建设新农村,农民是主体。培养一支有文化、懂技术、会经营的新型青年农民队伍,对于建设社会主义新农村至关重要。培养扶持新型青年农民,也是各级团组织参与社会主义新农村建设的关键环节。大学生村官要与农村团员一道,发挥共青团的组织、网络、人才优势,围绕社会主义新农村建设的中心任务，凝聚青年骨干力量，整合社会有效资源，通过富有特色的新思路、扎实有效的新举措、丰富多彩的新形式，策划和设计开展服务农村政治、经济、文化和社会发展的工作和活动，培育造就新型青年农民，传播科技知识，倡导文明新风，引领农民致富。

引导和发动青年技术人员、青年星火带头人、青年农业生产大户等青年致富能手领办一批技术含量高、市场前景广、示范带动力强的新项目，进行示范、推广。要协助农村团组织积极为领办项目的农村青年协调有关部门争取优惠政策，为农村青年创业致富提供优惠条件，帮助创业青年争取资金、良种、农资等帮扶。要多渠道联系专家、导师等为农村青年提供免费技术服务。

鼓励和帮助农村青年兴办专业合作组织。协助各级团组织发挥青年中心的作用，积极搭建合作平台，大力培育发展农村青年科技协作组织、市场中介组织、文化体育组织等各类青年社团，把他们吸纳到青年中心的团体会员和理事会中来。要将青年协会逐步培育发展为专业协会、专业合作社等青年农民专业合作组织，促进农业专业化、规模化、标准化生产。组织青年农民探索农业社会化服务，深化农业产业化经营，解决农产品的供产销困难，促进农民增收。

鼓励和帮助青年农民多渠道就业创业。大力实施“农村青年就业创业工程”。在建设社会主义新农村的进程中，大力弘扬“青春创业”的时代精神，通过推进组织对接、中介服务、城乡互动、东西互助等方式，促进农村青年转移就业和创业。引导青年大力发展农产品加工企业，进行农业标准化生产，带动青年农民开拓市场，争当农业产业化带头人。引导青年积极从事涉农技术、市场、项目、人才等中介服务，带动农民发展生产、搞活流通，争当优秀青年经纪人。引导青年带头从事农村第二产业、第三产业和经商办企业，带动农民不断拓宽增收渠道，争当工商创业带头人。要协助农村团组织精心选拔一批有较强科技意识、管理素质和创业能力的青年骨干，帮助和引导他们开展规模化生产经营，通过政策引导、信息服务、资金扶持和后援技术支持等形式，培养一批青年农民创业骨干，逐渐发展壮大，示范带动当地村镇及周边的农民创业致富。

大学生村官要带头学习新技能，争做农业科技的传播者。实现农业增产增收，必须依靠现代科技。农村青年是学科技、用科技、依靠科技致富的主力军。深入实施“新农村青年人才培养计划”是大学生村官和农村共青团组织的重要责任。

大学生村官要带头树立新风尚，争做农村文明的倡导者。青年人最富创新精神。引领风气之先是时代赋予青年的历史使命。要协助农村团组织大力开展“新农村青年乡风文明计划”。根据农村生活的现实和青年思想状况，深入开展内容鲜活、形式多样的教育活动。在青年中倡导文明礼貌、诚实守信、遵纪守法的公民道德风尚，带头弘扬健康向上的社会风气，从社会公德、家庭美德等方面着手，逐渐树立家庭和睦、崇尚科学、移风易俗等良好风尚。广泛开展创建“青年文明一条街”活动。要因势利导，组织青年开展卫生清理、环境整治、生态保护等志愿者活动，引导青年从身边一点一滴做起，参与到建设节约型社会中去。要充分整合各种社会资源，加快农村青年中心建设。按照“一手抓扩大规模，一手抓提高质量”的原则，积极构建“基层团委＋青年中心”的新型基层青年组织网络，提高农村青年中心服务新农村建设的能力。要争做青年中心志愿工作者，成为农村青年中心的工作骨干。要发挥自身优势，和农村团组织一道，设计组织好诸如“乡村青年文化节”等活动。举办“青春大舞台”和形式多样的“乡村大擂台”、“技能大比武”活动，通过青年喜闻乐见、健康向上的活动，丰富和繁荣农村的广场文化、节庆文化、家庭文化等群众性文化生活，活跃农村青年的精神文化生活。

（三）农村妇女与妇联

新农村建设离不开广大农村妇女的积极参与，妇女在新农村建设中发挥着越来越重要的作用。全国妇联曾于 2006 年开展了万名农村妇女参与新农村建设问卷调查活动。调查在河北、吉林、浙江、江苏、湖南、河南、四川、云南和甘肃等 10 省 50 个县 100 个村的万名成年妇女中展开，共收回有效问卷 9 457 份，获得 63 万个原始数据。

调查显示，妇女撑起了农业生产的“半边天”。73.4%的妇女参加农业生产劳动，其个人创造的收入占家庭收入的49.1%，已成为农村经济建设的主力军。

调查还显示，科学、文明的生活方式和消费方式正在越来越被广大农村妇女所接受。已有90%以上农村家庭拥有电视机，有半数样本家庭用上了自来水和卫生厕所，76.7%的农村妇女闲暇时间最爱看电视。对目前的生活，60%以上的农村妇女有幸福感，80%的妇女对未来生活有信心。

调查发现，农村妇女对“新农村建设”的知晓率为78.9%，30%的妇女知道新农村建设五项内容。在农村，妇女最关心村民选举和医疗卫生，有78.6%的妇女积极参加村民委员会选举投票，有近半数妇女愿意参加村民委员会干部竞选。

调查同时显示，缺资金、缺技术、缺致富门路是农村妇女发展创业中遇到的最大困难，最希望得到的帮助是实用信息服务，最希望政府解决的是合作医疗和养老保险问题，最希望妇联组织深化“双学双比”和“五好文明家庭”创建等活动，希望得到更多的致富信息和法律帮助。

调查表明，妇女在新农村建设中发挥着越来越重要的作用。广大妇女关注自身的生存权和发展权，享受着改革开放带来的诸多实惠，对未来生活充满信心。当然，妇女在新农村建设中存在的问题也必须引起各级妇联组织的高度重视。

妇女工作千头万绪，要解决的问题有的也比较复杂。大学生村官要紧密围绕党政中心工作，适应时代发展的需要，根据妇女求知、求富、求发展的迫切要求，与农村妇联组织一道突出工作重点，做好新时期的农村妇女工作。

围绕中央提出的建设新农村的战略部署，动员组织妇女广泛参与新农村建设。针对现代农业的发展要求，加大对农村妇女的培训力度，重点培育有文化、懂技术、会经营、善管理的新型女农民，着力培育科技致富带头人；针对农业市场化、规模化的发展要求，发展壮大农村妇女协会和女经纪人队伍，提升农村妇女的组织化程度。

结合新农村建设实际，广泛开展“双学双比”活动。从 1989 年提出“学文化、学技术，比成绩、比贡献”，到 2003 年调整为“学文化、学科技，比发展、比贡献”，提法上虽然略有调整，但“学”和“比”的主题始终没有改变。开展“双学双比”活动：一是要突出重点。要围绕中心工作，坚持以人为本，落实科学发展观，结合本地经济社会发展实际做好工作。二是要找准抓手。要以农村妇女喜闻乐见、卓有成效的活动为载体，不断丰富活动内容，拓展活动内涵，保持鲜明的时代特色。三是要创新形式。要采取各种贴近群众、易于参与的行之有效的形式和途径，不断提高“双学双比”活动水平和效果。

巩固和发展“双学双比”活动成果，还必须提升妇女素质，要充分调动妇女的积极性和主动性。一是要建立引导机制。引导农村妇女参与到推动新农村建设中来，确保她们的物质利益和民主权利，实现她们的自身价值。二是要健全激励机制。要争取政府支农资金的支持，鼓励农村妇女自主创业、增加收入。加大对“双学双比”活动中涌现出的先进人物的表彰力度，使她们在获得物质财富的同时，提升品牌形象。三是要运用市场机制。要大力推广“农家女小额信贷”等有效作法，引导农村妇女学会借助银行资金创业，为她们提供致富信息和致富渠道，帮助她们树立市场意识、风险意识、成本意识、核算意识，增长在市场经济中创业发展的本领。

大力开展“巾帼示范村”活动，充分发挥妇女在新农村建设中的半边天作用。大学生村官要与农村妇联组织一道，以提高农村妇女素质为重点，以帮助农村妇女增收致富、维护农村妇女合法权益为目的，凝聚妇女力量，广泛开展“五好文明家庭”创建活动，推动农村精神文明建设和政治文明建设。要重视发挥农村妇代会在组织生产发展、促进乡风文明、化解社会矛盾、维护社会稳定和协调利益关系等方面的独特作用，提高农村妇女干部素质，协助农村妇联组织做好工作，通过抓规划、重培训、送服务、建载体、强基础等途径，扎扎实实开展“巾帼示范村”活动，提升妇女在新农村建设中的地位和作用。

（四）农村人才队伍建设

推进新农村建设关键要靠班子、靠干部、靠人才。加强农村人才队伍建设，培养造就有文化、懂技术、会经营的新型农民，是新农村建设的基础工作和关键环节。只有拥有一支数量充足的农村人才大军，形成促进农村经济发展、引领农民思想变革、带领群众建设美好家园的骨干力量，农村经济社会发展才能焕发出勃勃生机，新农村建设的目标任务才能顺利实现。大学生村官要紧紧围绕加快农村经济社会发展，同农村党支部和村民委员会领导班子成员一道大力加强农村人才队伍建设，为新农村建设提供强有力的人才保证和智力支持。

加强农村人才队伍建设是一项重大而紧迫的任务，要认真贯彻落实《国家中长期人才发展规划纲要（2010—2020 年）》和《中共中央办公厅、国务院办公厅关于加强农村实用人才队伍建设和农村人力资源开发的意见》等有关文件精神，突出重点、扎实推进。一是要大力抓好农村干部队伍建设。着力提高农村干部执行政策的能力、加快发展的能力、服务群众的能力、依法办事的能力、解决自身问题的能力，使之更好地成为带领群众发展农村经济、构建和谐社会的骨干力量。二是要大力抓好农村实用人才队伍建设。培养农村生产生活必需的生产型人才、经营型人才、技能服务型人才、社会服务型人才、技能劳动型人才，重点加强农村实用人才带头人的培养。三是要大力抓好培育新型农民的工作。以促进人的全面发展为目标，用新知识、新技能教育农民、武装农民、提高农民，把农村人口压力转化为人力资源优势。

致力于加快农村人才队伍建设，大学生村官可以采取以下几种途径：

一是协助有关方面搞好农村基础教育。要继续抓好和巩固农村“普及九年义务教育”工作，在此基础上积极发展高中阶段教育，重视幼儿教育和成人扫盲，全面提高农村人口的文化基础，为农村各类人才的成长奠定扎实的基础。大学生村官可以利用自己学到的知识，帮助农村教师提高教育水平和质量，通过开展各种补习班，帮助农民学习文化知识和致富本领。

二是协助有关方面搞好农村职业教育和培训。我国农村有条件的村一级都建立了成人教育的活动场所，有的还成立了成人教育学校。大学生村官要协助村民委员会组织开展各种职业教育和技术培训；可以利用这些场所，结合自己专长开展各类职业培训、专业技术讲座等，为农民就业、创业提供服务。

三是利用自身的“人力资源优势”，争取村党支部和村民委员会的支持，在双方自愿的基础上，组织大专院校、科研院所及科技推广机构与农村建立横向扶持关系。介绍各类专家及科技人员到农村讲课、指导、咨询，或直接传送科技成果，试验、实施科技项目等。通过这些方式直接培训农民，促进农村人才队伍的成长壮大。

四是协助开展各种转移就业培训。通过网络等各种资源提供信息和推介服务，组织外出务工人员的典型回乡介绍经验，大力促进农村劳动力转移。创造条件使外出务工人员不断开阔眼界、增长见识、掌握本领，逐步成长为各种有用人才。

五是帮助村级组织建立农业科技示范园区，积极培育农村科技示范户，通过科技示范、技术服务、提供种苗等先进生产资料、组织产品加工、联系市场销售等措施，辐射带动周边农民，不断提高他们的科技素质。

六是利用广播、电视、网络、期刊等媒体，搞好对农民的科技知识及信息传导服务；加强农村文化学习场所建设，方便农民集中培训学习。

（五）群众的思想政治工作

当前，我国农村改革、发展、稳定的任务十分繁重。大学生村官要充分发挥党的政治优势，切实做好农民的思想政治工作，这对促进农业发展、维护农村稳定、增加农民收入、振奋农民精神、坚定不移地推进改革和发展具有特别重要的意义。

13 亿人口，7 亿多在农村，这是我国的基本国情。如果农民的心散了、人懒了，干部说话不管用了，农村基层政权也就丧失了基础。如果对农民的思想政治工作重视不够，措施不力，不用马克思主义去占领思想文化阵地，那么非马克思主义、反马克思主义的东西就必然会去占领。人生活在充满矛盾的社会里，会遇到各种各样的实际问题，因而难免会产生这样那样的思想问题。这些问题不解决势必会影响改革、发展、稳定。

做好新时期农民群众的思想政治工作，必须认真研究新形势下农民的思想状况，这样才能增强思想政治工作的针对性和有效性。当前，从农民思想状况来看，以下4个方面的问题不容忽视：

一是活动少，文化设施不全，精神生活匮乏。“闲来无事干，围着电视看”，这成了当前农民文化生活的真实写照。对某地农村的调查显示，58.54％的农民农闲时的主要生活方式是“看电视”。村里组织集体活动，“年头到年尾，难开两个会。”村广播站、活动室无设备，图书室缺实用性图书，村民也难得来光顾。农民有组织性的文化活动少，文化设施、设备落后，导致农民精神空虚，除了忙农活干家务，就是看电视，封建迷信、邪教活动因此乘虚而入。

二是增收难，市场信息不灵，科技知识缺乏。农民增加收入的最大障碍是什么？调查显示，51.56％的农民认为是“缺科技”；40.27％的农民认为是“种田成本高”；还有少数人认为“信息不畅通，不知道种什么”。农民发家致富的愿望是强烈的，但由于自身知识水平有限，市场信息闭塞，第二产业、第三产业发展缓慢，加上生产资料价格上涨等因素的影响，农民持续增收十分困难。

三是人情淡，普遍重幼轻老，道德意识弱化。日子越过越好，人情越来越淡。这是农村的一个普遍现象。随着市场经济的蓬勃发展和农村改革的深入推进，农民“向钱看”的意识越来越浓，人际关系越来越淡。调查显示，

50.37%的农民认为“有了钱就可获取一切”。多数农民认为目前最严重的家庭问题是“虐待、遗弃、不赡养老人”，以及“溺爱、娇惯、纵容子女”。农村传统美德出现滑坡迹象。

四是脱贫慢，社会分配不均，收入差距拉大。调查显示，55.42%的农民认为当前最严重的社会问题是“收入差距过大”，贫富差距拉大的现象随处可见。富裕户盖楼房，冰箱、彩电样样有；住着土坯屋，家中一贫如洗的贫困户仍占一定比例，农村贫富悬殊程度正日益加深。

对于在发展中出现的新情况、新问题，只能用发展的办法来解决。把群众的思想统一到党中央的要求上来，充分调动农民群众进行和谐社会建设的积极性和创造性，这是大学生村官必须认真思考并努力实践的问题。党的十七大报告提出：“加强和改进思想政治工作，注重人文关怀和心理疏导，用正确方式处理人际关系。”这是对思想政治工作观念变革和方式创新的明确要求。对于刚刚走出校门的大学毕业生来说，切实“贴近群众”是做好新时期农民思想政治工作的关键。

一要围绕群众最为关心的热点难点问题做工作。思想政治工作，直接面对的是广大群众。要使思想政治工作真正取得实效，就必须紧密结合人民群众生产、生活和思想的实际，紧紧围绕群众最关注的热点、难点问题，讲清、讲好道理。要切实解决群众在生产、生活中遇到的实际困难和农村普遍存在的问题，当群众思想上的疙瘩解不开、有怨气时，要注意自己的态度，要做到心平气和；群众思想一时转不过弯、出现顶牛时，要善于因势利导。通过耐心细致的思想政治工作，通过发展农村生产力，发展农村先进文化，健全农村民主政治，使人民群众心畅气通、恼怒全消。

二要运用人民群众容易接受的语言和方式做工作。大学生村官要学会用农民的语言做农民的思想政治工作。首先，要善于运用生动、幽默、有趣的语言。如果仍然像背课文一样，照本宣科地去做思想政治工作，其结果只会引起农民的反感，难以达到预期的目的。其次，必须向群众讲真话。实事求是是马克思主义的本质，是我们党一贯坚持的原则，讲什么问题都要实事求是，一是一，二是二，不要弄虚作假。这样，人民群众才会听、也才会信。再者，讲话要入情入理，富有人情味。思想政治工作是说理的。向群众讲道理时，一定要换位思考，从关心人、爱护人、帮助人的角度出发，以商量的口气、劝服的方式讲话；要做到入情入理，使人在亲密的交谈中不知不觉地接受你的思想和观点。最后，尊重当地的民俗习惯。要从当地的民俗特点出发，向群众宣传科学文化知识，宣传党的民族宗教政策，普及国家的法律法规知识，使群众的宗教活动在法律允许的范围内开展。

三要以身作则，率先垂范，带着真挚的感情做工作。要讲清、讲好道理，大学生村官必须既要言教，又要身教，而且身教重于言教。大学生村官在农村工作长达几年时间，生活于群众之中，一言一行、一举一动，群众都看在眼里，记在心上。行动是无声的教材，形象是有形的道理。只有说到做到，你讲的道理才会有人听、有人信，才会有说服力、感召力。反之，如果自己说的是一套，做的又是一套，要求别人做到的，自己都做不到，其结果是，人前你说人，人后人骂你，你讲的道理不但无人听、无人信，甚至还会起到相反的作用。因此，必须做到言行一致，要求别人做到的，自己首先要做到；不让别人做的，自己坚决不做。从实际出发，用事实说话，有的放矢地做人民群众的工作，这样广大农民群众才能心服口服。

八、结合岗位学习，不断提高能力

大学毕业生为农村发展贡献力量，让激情燃烧在田野上，这是历史赋予的光荣使命，也是自己的人生选择。大学生村官到了农村，就要思考怎样在农村更有意义地度过两年、三年甚至更长的时间，怎样处理个人理想和历史责任的关系，怎样正确对待这一段农村生活与自己个人一生的关系。这就需要不断提高人生谋划能力、组织协调能力、文书写作能力、独立处事能力、创新工作能力，为开展工作打好基础。

（一）人生谋划能力

大学生村官在农村究竟干得怎么样？调查发现，这些昔日的天之骄子、时代宠儿在农村的岗位上经过摔打，一部分人已经用行动实现了自己的人生价值，并以大学生村官所特有的精神风貌改变了人们对村干部存在的种种偏见，重塑了村干部的形象，赢得了基层广大干部群众的肯定和认可。北京和河南等省市有一些大学生村官已被选入党支部委员会、村民委员会。北京市房山区黄辛庄村书记助理陈丽娟还被推选为北京市十三届人大代表；河南省鲁山县张良镇贾寨村的大学生村官郭军霞当选该县十三届人大代表。像这样的优秀大学生村官还很多。这些大学生村官之所以做出突出的成绩,获得认可,应当说是由于比较好地进行了人生谋划。

人生谋划就是对职业生涯的规划。职业生涯即事业生涯,是指一个人一生连续担负的职业和职务及其发展道路。职业生涯设计要求每个人根据自身的兴趣、特点,将自己定位在一个最能发挥自身长处的位置,可以最大限度地实现自身价值。

成功的人生需要正确规划。你今天站在哪里并不重要,但是你下一步迈向哪里却很重要。作为大学生村官,必须思考:怎样从一个大学毕业生转变为一个职业人、社会人。这都需要谋划自己的人生,正确处理在农村的工作与生活。

1. 正确处理农村工作生活和一生职业规划的关系

美国著名职业管理学家萨柏(Donald E. Super)认为,"生涯"是生活里各种事件的方向。它综合了一生中各种职业和生涯的角色,由此表现出个人独特的自我发展状态。它也是人生青春期至退休所有报酬和无报酬职位的综合,除工作之外还包括所有与工作有关的各种角色。现实生活中,不但每个人对生涯的解释不同,同一个人随着年龄的增长,在人生的不同时期对生涯也可能会有不同的理解。对于刚刚结束学校生活的大学生村官而言,个人生涯的发展尚处于起步阶段,科学合理规划自己的生涯对一生的发展具有重要意义。

职业生涯规划是指个人结合自身情况,特别是结合面临的机遇和挑战，为自己确立职业方向、职业目标，选择职业道路，确定教育计划、发展计划，为实现职业生涯目标而确定的行动方案。职业生涯需要科学合理规划。根据规划的要点在一定时期内发挥自身潜能，实现该时期的职业生涯目标。

大学毕业生到了农村，对于一些人来说，也许是短期的，但哪怕是暂时的选择，也应认真对待，思考这段生活和一生的关系。即便以后离开农村，也要珍惜这段生活，以锻炼自己，切不可荒废岁月。

通过政府制定优惠政策，吸引高校毕业生到农村工作，在一定时期内能够产生明显的社会效应，如解决部分大学毕业生的就业问题等。但要使大学毕业生在农村真正发挥作用，有所作为，根本的还是要解决如何提高农村的吸引力问题，也就是说，让农村成为大学毕业生施展才华的新天地，成为自主创业的乐土，这就需要正确处理好就业与创业的关系。只重视就业，很容易使“村官”成为大学毕业生的“跳板”。因此，大学毕业生在就业的同时，要利用政府相关部门为“村官”提供创业的各项政策支持，开展创业，真正在农村“生根开花”。

2.正确处理个人成长和国家利益的关系

进行有效的人生谋划，必须在正确认识自身条件与相关环境的基础上进行。对自我及环境的了解越透彻，越能做好人生谋划。每一个大学生村官都需要正确地审视自己、认识自己、了解自己，并准确地作出自我评估。

自我评估包括兴趣、特长、性格、学识、技能、智商、情商、思维方式、思维方法、道德水准等内容。详细估量内外环境的优势与限制,设计出合理且可行的职业生涯发展方向,通过对自己以往的经历及经验的分析,找出自己的专业特长与兴趣特点,这是人生谋划的第一步。

农村的工作在部分大学毕业生的眼里既平常又简单,以为凭着一腔热情带领村民致富就万事大吉了,自己年轻有为,血气方刚,没有"翻"不过的"岭",没有"跨"不过的"坎",没有"解"不了的"方程式",没有表达不好的"壮志豪言"。大学生村官知识丰富,激情满怀,必定会给农村经济发展送去一缕春风。但是,大学生村官需要认识到,校园与农村毕竟不一样,理想与现实必定有差距。因此,大学毕业生在选择到农村工作以前首先要考虑自己是否可以接受农村的现实。现在不少农村依然穷得叮当响,农民还处在面朝黄土背朝天的窘境,晴天"扬灰路",雨天"水泥道",有的村还一穷二白。其次要考虑自己是否可以脱去"学生味",放下"身架子",迅速融入到农民群众之中,做农民群众的"贴心人"。北京市平谷区泉水峪村党支部书记范来成说:"基层最不欢迎的就是那些光说不练的人,还有一些骨子里嫌弃农村的人。例如,有的大学生村官一见村里没有洗澡的地方,脸就沉了下来。农村的条件正在逐渐改善之中,大学生村官来任职,就是来帮助村里进行新农村建设的呀!如果没有这样的基本思想,只盯着能够落户北京,或者混个三年两载就跑的大学毕业生，基层肯定不欢迎。”所以，选择去农村工作，不仅要从兴趣和爱好出发，更要注意自己的专业特长和农村的需求，注重自身价值的实现和农村发展的关系，而非随波逐流。否则，就会辜负一方百姓，耽误自己的青春年华，还会给社会造成不必要的人力资源浪费。

大学毕业生到了农村，需要对自己的方方面面进行反思，看自己到底适合做什么，怎么去做，会做到什么程度。在了解自己的基础上，还要正确认识大学毕业生到农村工作的意义。大学毕业生是国家和民族的未来，应该是社会主义现代化事业合格的建设者和可靠的接班人。我们国家的未来非常需要一批熟悉国情、精于实践的管理型人才。大学毕业生到农村工作，不论是担任“村官”还是做志愿者，或者作为“三支一扶”（支农、支教、支医、扶贫）人员，都是一次难得的锻炼机会，是一个熟悉村情、乡情、县情、省情、国情的过程。在农村这块最基层的广阔天地里，浓缩了政治、经济、文化等各方面情况，大学生村官可以深入百姓家，亲身到田间地头，帮农民谋规划、想出路、求发展，和农民一起摸爬滚打，体验市场经济的酸甜苦辣，为将来承担更重大的责任打好基础。

3.正确处理个人发展和农村发展的关系

每个人都有自己的目标，这个目标至少在你本人看来是伟大的。没有切实可行的目标作驱动力，人们就会安于现状、不求进取。目标的设定要以自己的最佳才能、最优性格、最大兴趣、最有利的环境和农村的实际等为依据，而不是仅凭个人的兴趣。

大学生村官一旦确定了自己的工作目标，就会找到工作的突破口，就能很快进入角色，发挥作用。北京市平谷区大华山镇泉水峪村是北京市有名的水果村，最出名的就是水蜜桃。近年来，由于种植水果的村庄越来越多，本村的水蜜桃开始滞销。村书记助理曹艳春来了之后，先后设法在北京城区增设了 15 个销售点，每年的销售量增加了 150 万千克。曹艳春还从母校北京农学院请来老师、同学，为泉水峪村的发展出谋划策。曹艳春从村里的实际出发确立自己的工作目标，因而很快就取得了成功。

4. 正确处理行动方案和农村基础条件的关系

正如一场战役、一场足球比赛需要确定作战方案一样，有效的职业生涯设计，也需要有确实能够执行的行动方案。这些具体的且切实可行的行动方案会帮助你一步一步走向成功，实现人生目标。

通常职业生涯方向的选择需要考虑以下 3 个问题：一是自己想往哪方面发展？二是自己能往哪方面发展？三是自己能发展到什么程度？大学生村官到了工作岗位后也要思考这些问题。

山西省泽州县北义城镇东张村大学生村官闫凯一到工作岗位就设计了《新农村建设调查问卷》，开展调研，了解村情，发现缺乏科技文化知识和教育基础薄弱是村里的两个突出问题，他和村干部商量，成立了农民夜校，在村委会办公楼设立了临时教室，白天免费为村里四、五、六年级学生辅导，夜晚利用现代远程教育，办起了政策法规解读班、市场信息典型经验借鉴班、生活娱乐文化影片欣赏班和科普知识农业技术推广班，深受村民欢迎。山西省晋城市梨川镇崔河村大学生村官张丽娜，在村支书的鼓励和帮助下，从义务为村民维修电器入手找到了工作的切入点。她办起黑板报，宣传政策法规和农业生产知识，帮助村里组建女子音乐队并亲自训练，制订村规民约、评选十星级文明户，工作忙碌而踏实，得到了农民的交口称赞。闫凯和张丽娜这两个大学生村官都走向了成功。

此外，放弃 20 万年薪回乡种红薯的硕士研究生彭焕新的经历，也可以启发更多准备到农村工作的大学毕业生学会如何处理自己的行动方案与利用农村基础条件的关系。

彭焕新出生在湖南省长沙县金井镇。1994 年，他大学毕业后到海南打工当老师，月薪 400 元。两年后，彭焕新担任海南一家大型期货交易所的部门经理。5 年后，彭焕新从海南调往广西，其间他拿到了广西大学工商管理硕士学位，并升为公司副总经理，年薪 20 万元。同在公司工作的妻子年薪也达 10 万元。2007 年初，彭焕新收看中央电视台的新闻得知，浙江大学的农业专家从 2 000 多个红薯品种中精选出一类“迷你”型红薯进行大面积种植，这种红薯营养价值明显高于普通红薯，在北京、上海等大城市很走俏，而且市场价每千克 18 元。彭焕新心动了,想到家乡的土地也适合这种红薯的生长,于是辞掉副总经理一职,夫妻双双回到家乡种红薯。首批2.5万千克“迷你”型红薯被上海的客户抢订一空。之后,他的红薯种植基地扩大到3 000亩,产品逐渐推广到长沙、广州、深圳、香港等城市的连锁超市。彭焕新成功了,他的人生价值得到了充分体现。

5. 正确处理人生计划和农村工作的关系

成功的职业生涯设计需要时时审视内外环境的变化,据此调整自己的前进步伐。

大学生村官中,一辈子扎根农村的“永久牌”毕竟是极少数,服务期满后找到了更吸引人的工作、考上了研究生或公务员的“飞鸽牌”还是大多数。人们不能因为统计数据中“飞鸽牌”大学生村官居多和个别省份选聘高校毕业生到农村任职工作中出现了一些矛盾和问题就认为这个计划糟得很、失败了。既然该计划在设计中就明确了退出机制,大学生村官只要干满了预定的任期、完成了既定的责任目标,就可以名正言顺地自由流动。说明这个计划的实施重在过程,重在历任大学生村官业绩方面量的积累,并且承认流动是绝对的,积淀是相对的。河南省鹤壁市历年选派的1 018名大学生村官中目前依然担任村党支部书记、村民委员会主任等实职的仅235名。对于那些无论是由于什么原因最终选择了离开农村的大学毕业生而言,农村的生活永远是一笔巨大的财富。

中国第一位硕士研究生“村官”杨本伦的经历给了刚

刚去农村工作的大学毕业生太多的启迪。“没有基层的摸爬滚打，我可能还继续好高骛远”，“我认为我是成功的”。大哭一场泪别乡土的杨本伦认为“既然不适合搞政治，我就考虑向经济领域发展”。杨本伦是中国人民大学硕士研究生，1992 年辞去人事部考试录用司主任科员的职务，回到故乡山东省沂源县石桥乡东北庄村，担任村党支部书记。在村里，杨本伦脚踏实地干了整整 6 年。1998 年 4 月，由于各种原因，杨本伦离乡南下，先后在深圳等地工作，从商场销售人员做起，先后担任了公司总经理助理、分公司经理、公司董事长。

从辞京回乡就任村支书，到黯然南下转战商场，再到主动放低姿态进入务实的工作状态，杨本伦在一次次阵痛中完成了从思想到行动的蝶变升华。6 年村党支部书记生涯的摸爬滚打磨去了他好高骛远的傲气，如今的杨本伦，举手投足间彰显出一种自身特有的稳重和成熟。

（二）组织协调能力

大学毕业生到了农村以后，会发现就业环境、文化环境、生活环境、人际关系等现实与理想差异较大，再加上经验、能力的欠缺，一些大学毕业生虽然有较强的理论功底和文字表达能力，但由于对农村基本情况和农村政策缺乏了解，加之“人头”不熟，工作放不开手脚，在处理群众日常纠纷、协调相互关系等方面的能力显得比较薄弱。因此，大学生村官应当从人际沟通的概念、心理调适、沟通技巧几个方面学习如何提高自己的组织协调能力。

1. 人际沟通的基本概念和对大学生村官的启发

沟通是为了设定的目标,把信息、思想、情感在个人或群体之间传递并达成协议的过程。实践证明,在沟通中,有65%的信息是通过肢体语言传递的。积极倾听的肢体语言包括:端坐(或站直);身体前倾,微微侧耳;表情专注,随对方的谈话内容转变;眼神交流;不时点头,说些简短肯定的话语;重视讲话者,手头不可兼做其他事等等。在沟通中要注意以下几点:

①注意倾听。一是注意倾听内容,准确把握所传送的信息;二是注意倾听感受,辨认传送者对传送内容的感受,如愉快或不愉快;三是对感受做出反映,让传送者知道接受者了解了信息的内容和感受;四是注意所有暗示(察言观色),包括语言性或非语言性(对非语言行为应尤其敏感,辨认需要澄清的混合信息);五是复述,即复述信息,反馈给传送者,等待进一步反应。

②了解并尊重当地的风俗人情、地方文化,打好与农民沟通的基础。刚上任的大学生村官小黄第一次登台给村民讲解有关水土保持知识,由于担心大伙听不明白,讲课中就询问大家“听清楚没有?”村民异口同声回答:“机密。”小黄一头雾水,不知老乡们说的是什么意思,又追问了一句。有个老乡不耐烦了,嘟囔着说:“这小子是不是凭着有点墨水把我们当傻老冒了?”原来,老乡们回答的当地方言“机密”是“清楚”的意思。看来欠缺对当地民俗

风情的了解是造成沟通障碍的一个因素，因此需要了解并尊重当地的文化和风土人情。

③通过沟通找到情感的切入点和工作的突破口。毕业于中国农业大学的黄腾宇在北京市平谷区塔寺村当村主任助理。2006 年 3 月，他和党支部和村民委员会班子成员一起到村民贾振明家做调查时，听说有一位五十多岁的农民大爷自患病以来花了近 3 万元，居然不知道自己患了什么病。经询问才知道是因为这位农民大爷听信非法广告、江湖流医和乱买药，才导致现在这种情况。于是，他带着这位农民大爷到北京协和医院去看病，帮他排队挂号、找科室、找专家，终于把病情弄清楚了，买的药吃着也管用了。这件事让村里的百姓看在眼里，记在心上，生活中有什么困难都愿意来找他，对他的工作给予了很高的评价。

农民对大学生村官的信任是开展工作的良好基础，但仅仅在感情上让农民接受还远远不够，还必须通过和农民、村干部沟通才能找到工作的突破口。黄腾宇到村里工作没有多长时间，就发现一个不好的现象：许多村民喜欢打麻将，特别是老年人和中年妇女。一次与村民李大爷聊天，了解到许多村民都喜好文艺，对文娱活动比较积极。于是他决定以组织文艺活动为突破口，既可以消除村民的陋习，促进精神文明建设，又可以让更多的村民认识和了解大学生村官。2005 年 12 月，他策划了“村民新春联谊活动”。这是该村有史以来开展的第一次文艺活动，活动开展得非常成功，除特意安排的几个节目外，全村无论男女老少，都争着抢着表演节目。整个场景，全村犹如一家人，其乐融融，和谐欢乐。这次活动，获得了村干部和村民的肯定，树立了良好的口碑，第二年，黄腾宇以高票当选为村民委员会副主任。

2.做好心理调适，过好“三关”

大学生村官要想尽快进入角色，独立开展工作，须过好“三关”：

一是心态关。刚走出象牙塔的莘莘学子一踏入社会便要远赴落后的农村工作，心态调整尤为重要。面对工作生活中的困难，大学生村官一定要及时调整自己的心态，从内心深处树立长期扎根农村一线的意识，将众多的困难视为磨砺意志的“磨刀石”，让自己始终保持旺盛的工作热情，及时明确工作目标，例如在3年的农村工作中，力争做成一件惠及群众的大事，确保做成一些令群众满意的实事、好事。

二是形象关。高校提供了一个塑造自我的空间，大学生的个性得到了充分张扬，而农村一线工作则要求村干部们一言一行尽可能符合群众的要求。大学生村官一定要树好自身形象，以获取较高的群众印象分。注重仪表和细节，工作中更要放下架子，注重与一线群众的交流，准确掌握他们在做什么，从细节上了解群众、尊重群众、关心群众，既不失大学毕业生的身份，又具备与群众打成一片的亲和力。

三是协作关。与基层干部的沟通和协作是大学生村官做好基层工作的关键。大学生村官要善于与基层干部交流，“三人行，必有我师”。有许多农村基层干部具有丰富的工作经验，到农村工作的大学毕业生在和他们的交流中要注意发现他们身上的优点，不断改正自身的不足。与镇村干部在交流时一定要注重语言表达的技巧，既要学会倾听他人的意见，又要学会委婉表达自己的不同见解，争取得到众人的支持。真正做到古人所说的“择其善者而从之，择其不善者而改之”。

3. 学会访谈技巧，迅速了解村里的情况

到了村里后，为了了解村里的经济发展和社会状况，需要进行访谈。访谈有以下几种类型：

一是个体访谈。在村里有目的地抽样选择被访谈人，获取有代表性的信息。就同一主题访问不同类型的人，可以很快发现一系列的意见、态度和应对措施。

二是关键知情人访谈。关键知情人是指了解该主题有关情况的人。访谈关键知情人旨在获得特定的知识与信息。

三是小组访谈。小组访谈能够获得有关社区全面情况的大量信息。参加人可以是通过抽样专门邀请的，也可以是碰巧路过访谈地点的。

大学生村官进行访谈时，应注意把握以下几个要点：

第一，做好访谈准备。确定访谈大纲，根据研究或项目工作的目的，确定访谈的主题和相应的次级主题、可能涉及的方面，以及先后顺序；选择适当装束，着装要尽可能与当地群众相接近，避免特殊，从外表、形象上不要让群众对你产生隔阂。

第二，注意访谈的气氛、环境。包括时间安排、场合地点、座位的布局、身体语言等等。

大学生村官到了村里不是“走马观花”，要树立和群众“同吃、同住、同劳动”的观念，和群众建立起亲密关系，这对今后搞好工作至关重要，同时也便于选择合适的时间开展工作，提高工作效率。

在选择场合、地点时，要选择对访谈对象合适的地点，而不是以自己的好恶为基准。无论是小组访谈还是访问单个农户、农民，都要让有关人员坐得舒服，最好是当地群众聊天时的那种就座布局，尽可能拉近自己和他们的距离，把自己融入群众当中。改变或改进自己的行为、态度，注意自己和群众打交道时的“身体语言”。到一个新地方，要事先打听好当地的习惯、忌讳，在少数民族地区尤其要注意当地的风俗习惯和民族政策等，要入乡随俗。

第三，努力营造融洽的气氛，让大家能够畅所欲言。访谈很容易使参与者进入畅所欲言的状态，“跑题”是避免不了的。遇到这种情况，千万不要直截了当地制止，而要观察、等待适当时机，返回主题。

第四，注意倾听和提问，并做好深究。要保持头脑清晰，注意访谈中出现的有价值的新问题和相应的信息或观点。所谓“深究”，就是指在访谈过程中，对某一重要专题、出现的信息和线索进行深入的了解。这是访谈的核心。深究的关键是提醒自己不断使用六个“助手”，即“谁”、“什么”、“为什么”、“什么时候”、“在哪儿”、“怎么样”来提问。六个助手的使用要灵活，要注意场合、气氛。例如，如果连续问“为什么”，容易使被访问人产生不被信任的误解。你的提问要避免引出“是”、“对”或“不是”、“不对”的简单回答，而需要表达成能够引出解释、说明的形式，即所谓“开放式提问”。

第五，对被访问的群众要始终保持尊重、同情和关注。要像和朋友、亲人聊天、谈心那样，对被访问群众的言谈不断做出回应，如“噢”、“是吗”、“后来呢”等等，让对方感受到你在倾听、在关心他的疾苦，在尊重、珍视他等。

4. 以专业知识和专业技能为突破口，提高协调能力

大学生村官到了农村，在熟悉村情后，要用自己的专业知识、专业技能找到工作的突破口，提高协调能力。这里介绍一些成功的例子，以帮助更多的大学生村官举一反三，做出更好的成绩。

事例之一：浙江省富阳市湖源乡路西村的女大学生村官洪婷华在任村民委员会主任助理后，碰到第一件大事就是铺设村里的自来水管。由于路西村经济薄弱，村党支部书记、村民委员会主任不常在村里，乡里授权洪婷华牵头协调。她一方面积极争取上级新农村基础设施建设资金的支持，一方面协调村里铺设管线涉及的拆迁以

及土建工程等事项,半个月后自来水管工程顺利通过竣工验收。其间,她还协调解决了行政村农业结构调整中在土地方面的遗留矛盾,获得了村民的好评。

事例之二:北京市延庆县康庄镇三街村的一位村民找到村干部说,前院人家种的4棵大树遮住了他家的庭院,侵犯了他的采光权,影响了90多岁老母亲的健康,要求邻居砍掉这4棵树。大学生村官王贺经过实地调查后发现,大树遮阴时间并没有达到相关法律规定的时间,不构成对采光权的侵犯。但如果严格依照法律进行调解,势必导致村民矛盾激化。经村干部开会讨论,采纳了王贺的意见,决定将树冠削薄,使阳光能透过树冠照射到村民的家里。从而事情得到圆满解决,而王贺也第一次体会到情、理、法之间的微妙关系。

事例之三:2006年7月,闫素花来到山西省祁县古县镇温曲村报到,走上了村民委员会主任助理的岗位。她发现温曲村最棘手的就是温曲小学的教育问题。她主动请缨,分管了教育工作。但刚开学,她就遭到了村民的质问甚至责骂。她平静地听完了村民们所有的抱怨和不满,了解到问题症结是温曲小学教师缺编,导致个别班级无法正常开课。于是,闫素花针对问题主动找学校老师和学生家长谈心摸底,进一步查找问题,分析原因,并在党支部和村民委员会的联席会议上专门提出来进行多次讨论,终于找到了解决问题的关键。于是,在镇领导和村干部的支持和帮助下,闫素花对小学进行了整顿,重新任命了校长，更换了4名群众反映大的教师，使温曲小学有了一支团结有力的领导班子，师资配置更加合理，教学成绩稳步提高，改变了在全镇长期落后的局面。

事例之四：青海省门源县南关村是县里有名的“难管村”，存在一些村民打架斗殴、小偷小摸、思想意识不解放、政策落实难度大等问题。毕业于青海民族学院法律专业的21岁的马生莲刚到南关村，就受到村民的质疑：一个黄毛丫头能管得了村里的事情吗？刚开始的3个月，马生莲非常迷茫，只能挨家挨户转，但不知道该干些什么。有一天她来到村里唯一的超生户马玉华家里时，被眼前的情景惊呆了，自从丈夫出车祸去世后，马玉华只能靠自己一个人养活孩子。不久，因为劳累一病不起，家里冰锅冷灶，幼小的孩子嗷嗷待哺。马生莲利用村民大会的机会讲述了马玉华一家的不幸，并号召村干部和村民募捐。村民们被马生莲绘声绘色的讲演打动了，纷纷解囊为马玉华募集到了最需要的面粉、食用油和钱款。3个月后村里人和马生莲建立了良好的信任关系，人们亲切地称她为“小马书记”。只要村里有产权不清、土地纠纷、家庭纠纷等需要法律援助的事情，都会找马生莲帮助解决。

从以上事例可以看出，大学生村官在工作中通过协调与其所在地区的各级政府、村干部、村民之间的关系，提高组织协调能力，便可以用自己的专业知识和对农村的热爱打开工作的突破口，并营造出一个施展才华、开展工作的良好氛围。

（三）独立处事能力

“工欲善其事，必先利其器。”农村工作不仅需要满腔热情，更需要掌握一定的方法，这是大学生村官独立开展工作的基础。

1. 成对比较法

成对比较法是利用方格矩阵表将事物或属性一一配对，比较其重要性、偏好性，最终排出整个优先顺序的方法。目的在于和村民一起对于发展中的需求、问题和机会进行优先序列排队，以便确定其各自的权重。其步骤为：

①大学生村官启动分析过程。

②与农民一起讨论要比较的事物，如问题、需求、发展机会、比较判断的标准等。

③列出方格矩阵表，将待比较的事物先后写入第一行和第一列。

④将事物成对地一一比较。在成对比较的事物所在行和列的交汇处，写出较为重要事物的名称。同一事物所在行和列的交汇方格为空白。实际中，只需做矩阵对角线的上半部分即可，因为下半部分正好与之对称，是一样的结果。

⑤统计每一事物的名称在它所在的行和列中出现的次数，积分（即出现的次数）越多的越重要，之后排出

顺序。

下面的表格是某村资源和基础设施状况的比较。在大学生村官的主持下，参加比较分析的当地干部首先讨论，确定了影响本村贫困程度的因素，然后就每个因素一一进行排队、打分。

从表8-1中可以看到，影响村里发展最大的障碍因素是水利基础设施太差，无法满足农作物适时灌溉的需要。其他障碍因素是交通、教育、山场和耕地资源（人均面积、生产力）、医疗、通讯，以及收入。据此分析，可以确定该村新农村建设首先要改善水利基础设施。

表8-1　村级发展影响因素重要性比较

	耕地	山场	交通	通讯	医疗	教育	水利	收入	积分	排序
耕地	—	山场	交通	耕地	耕地	教育	水利	耕地	3	5
山场		—	交通	山场	山场	教育	水利	山场	4	4
交通			—	交通	交通	交通	水利	交通	6	2
通讯					医疗	教育	水利	通讯	1	7
医疗					—	教育	水利	医疗	2	6
教育						—	水利	教育	5	3
水利							—	水利	7	1
收入								—	0	8

2. 打分排序法

打分排序法是将事物按照一定的标准进行打分，从而比较其重要性、偏好性，并排出优先顺序的方法。

打分排序的步骤为：

①大学生村官说明意图、做法，启动分析过程。

②如果对社区之间自然资源和基础设施条件进行比较，通常采取以下步骤：其一，讨论并确定影响或决定社区之间差异的因素。其二，画表，影响因素排在第一行，社区名称写在第一列。其三，对每个因素在社区之间进行比较和排队打分。一般按人们的习惯，最好的排在第一、给1分，排在第二的给2分，依次类推；最差的给分与社区个数相同。其四，计算分数。分数最少则条件最好；分数越多则条件越差。其五，用成对比较法在各影响因素之间进行重要性比较，并根据其重要性，确定权重系数。越重要的权重系数越大。可以将权重系数定为100%，而后按比较的结果分配到各因素上；也可以将最不重要的因素权重系数定为1，再对其之上的因素权重系数等距离增加一个小数，如1＋0.2，依次类推。最后将权重系数填入前述表中，重新比较和计算。

③如果是对问题和机会进行比较，则采取以下步骤：其一，由农民自己从问题分析中，筛选出需要得到外界支持的问题或发展机会，加以比较；通过讨论、“深究”，帮助农民总结、归纳出符合他们思维方式的比较、评判指标。其二，将待比较的问题/机会种类、评判指标分别写在第一行和第一列。其三，打分。确定打分的最高、最低限。一般采用10分制，或与待比较的种类数量相同。注意数值大小的意义，其方向在不同的指标间要一致。例如在比较经济作物时，如果对当地适应性强的打分高，则资金

需求少、容易解决的，以及技术难度低、容易掌握的，也应该打分高。在实践中，人们容易把技术要求高的机会打分高，那就错了；打分，要注意分数的间距，要能客观地反映各个种类之间的差异。其四，统计、排序。如果必要的话，可以由农民商量，按照重要性的差异，给不同指标以加权值（总计为100%）。

有时，为了避免排队结果与农民意愿不一致，也可采用表8-2所示的更简单的办法。

表8-2 排队结果表

顺序	问题/机会种类	理由

有的大学生村官认为，让群众特别是妇女进行可行性分析不容易。但只要有正确的态度和行为，又可以找到适当的工具，就不困难。表8-3就是某高校研究生在安徽省霍山县小河村进行项目可行性分析时，妇女组讨论的结果。

在讨论中，大学生村官告诉农民和其他村干部，经济可行性是指能赚钱的多少，社会可行性是指受益户的多少,技术与生态可行性分别为技术好不好掌握和对水土流失有无影响。结果充分反映出妇女对不同创收项目的了解程度,以及她们的理性选择。如有机茶的社会可行性最高,因为家家都有茶园;生态可行性也最好,不使用农药、化肥,而且还有植被覆盖;但经济可行性不如药材,收益差一些;而技术可行性打分低,表明技术难度较大,需要相应的培训服务。

表 8-3 小河村创收项目可行性分析妇女组结果

项目活动	经济可行性	社会可行性	技术可行性	生态可行性	合计	综合排队
食用菌	3	3	2	2	10	5
药材	4	4	1	3	12	4
有机茶	3	5	2	5	15	1
板栗	3.5	3	1	5	12.5	3
养牛	1	1	5	2	9	6
养羊	1	1	5	3	10	5
养猪	2	4	3	4	13	2

表 8-3 表明,各方面综合考虑,有机茶生产是首选项目,后来该村在发展中就采纳了这个讨论结果,取得了很好的经济效益和社会效益,村里不少农户受益,还保护了环境,受到了村民和上级政府的好评。

3. SWOT 分析

在工作中,大学生村官需要与村干部、村民一起对所选择的创收项目进行优势(Strength)、劣势(Weakness)、机遇(Opportunity)、风险(Threat)的可行性分析,简称SWOT分析。

表8-4是一个大学生村官与村里的妇女组对创收活动进行SWOT分析的结果。

表8-4 创收活动SWOT分析妇女组分析结果

创收活动	优势(S)	劣势(W)	机会(O)	风险(T)
食用菌(木耳,香菇)	有树木、劳力,气候合适	缺技术、资金	有市场	价格波动
药材(天麻,百合)	天麻条件最好,土壤、气候合适,有菌柴	缺资金、技术	技术好的能赚钱	价格波动
有机茶	茶树多,茶质好	缺品种、技术、销售人才	有市场	销售渠道
板栗	荒山多,有嫁接树木	无经验,缺早熟品种	有市场	旱,病虫害,价格波动
养牛	有劳力,有放牧地,瘟病少	缺防病技术、资金,占劳力,	市场价格好	
养羊	有劳力,有放牧地,瘟病少	缺良种、资金	市场价格好	
养猪	有养殖习惯	缺饲养技术、品种,好害病		价格不好

从表8-4可以看到,通过采用SWOT分析,种植有机茶是该村不错的选择。

上面介绍了几种参与式工作方法的工具,大学生村官掌握了这些工具,就可以避免在工作中走弯路,并能收到事半功倍的效果。

（四）创新工作能力

大学生村官要从广大农民群众的需求和意愿出发，依靠广大农民群众，在科学发展观的指导下，积极创新工作，大力推进新农村建设，把农村经济社会发展切实转向全面协调可持续发展的轨道，从而实现农民的全面发展，因此，对于大学生村官而言，首要的是要进一步改进工作方式和工作方法，实现工作方式和工作方法的创新。

1. 创新工作能力的特征

创新工作能力一般应具备以下特征：

①时代性。在吸收、借鉴我国传统领导方法和工作方法精髓的基础上，应大胆应用系统论、信息论和控制论等科学知识。这是对传统工作方法的创新，是对实践的创新，具有鲜明的时代特征。城乡统筹发展和新农村建设无疑是当前农村工作的宏观时代背景，在创新工作中要把握好这个背景，创新性地开展工作。

②实践性。一方面，工作方法的创新是伴随着实践活动的发展以及领导科学、领导艺术研究的深入而形成的，离开具体的实践活动，就不会产生任何工作方法。另一方面，工作方法又要通过具体的实践来检验这种创新的正确性和有效性。因此，工作方法的创新不是以个人的意志为转移的，而是以领导工作的实践为客观依据，以科学方法的研究为依托的。有个大学生村官到某村后，

看到村后面是一座大山，就想利用村里的自然资源搞一个“空中滑翔”项目，吸引游客从山顶滑翔到村前的平地上。后来他让专家再三考证这个方案，专家提出几个疑虑：一是投资巨大，村里无力支持，吸引外资也不现实；二是破坏自然环境。于是，这个大学生村官放弃了浪漫想法，后来在村里的“李子”上做文章，举办了当地首届农村“李子节”，吸引城里人去采摘，并用举办“李子节”的收入硬化了村里1 500 米的路面，得到了村民的好评。

③综合性。工作方法的创新是对多种现代科学理论的综合运用和总结之后形成的一种科学的方法。要完成工作目标，就要综合运用现代领导方法，综合运用经济学、发展学、社会学等多种学科甚至边缘学科的理论与知识。

④可操作性。运用现代领导方法必须遵循一定的步骤、程序，掌握运用这种方法的技巧、艺术，使新的工作方法更具可操作性。

⑤实效性。如果一种创新的工作方法不能有效地指导和推动工作，那么这种创新就失去了存在的价值和意义。

2. 做好“四大员”——大学生村官创新工作的实践

(1)当好决策员：打造新兴产业，开辟农民致富奔小康的新途径

毕业于北京联合大学的王丽娜是北京市平谷区马坊镇二条街村民委员会主任助理。在不到一年的时间里，她给村民找到了一条利用农闲时节发家致富的新路——种植反季节有机草莓，村民们因此送给她一个“草莓村官”的称号。王丽娜上任不久，为发挥农民建大棚的积极性，在综合分析市场信息后，向村民委员会提出了“发展绿色食品，种植有机草莓”的建议，并写出了一份发展草莓大棚的计划书。在村民委员会的支持下，王丽娜专门到山东、河南、河北及北京其他郊区县实地考察，利用自己的工商管理专业知识做出了项目规划、项目包装，以及正式的项目申请书。

为了取得更好的经济效益，王丽娜设计了漂亮的草莓包装箱，增加产品的附加值。现在“马坊二条街有机草莓”已经摆在了家乐福、物美等大型超市的货架上。农民钱包也随之鼓了起来，平均每个草莓大棚增收了1万多元。2007年1月，王丽娜带着有机草莓参加了“中国第一届草莓文化节”，在全国11个省市参评的草莓中，“马坊二条街有机草莓”荣获一等奖，被中国果品流通协会授予“中华名果”称号。下一步，王丽娜计划在村里组织建立“草莓经纪人”队伍，统一注册商标，把“马坊二条街有机草莓”的牌子真正打响。

(2)当好服务员：建立村级网站，构筑农村精神文明和经济发展的新平台

北京科技大学社会学系的张传侠毕业后到北京市顺义区北小营镇北府村担任党支部书记助理职务。他通过深入调查，撰写了《北府村社区卫生服务站调查报告》、

《社会主义新农村建设在北府村的实践分析》等调研报告、论文7篇，为村庄制定规划提供了依据和参考。张传侠在掌握了村庄基本情况后，就萌生了一个新的念头：能不能建一个村庄网站来提高北府村的知名度，并通过网络拓展农产品的销售业务以及实现政务公开。之后，他主动联系了一家软件公司，经过3个多月的设计、调整，北府村网站终于正式开通了。如今，北府村网站的点击率正不断增加，而北小营镇政府也受到启发正在着手准备在全镇推广村庄网站建设，并争取将其打造成京郊农村基层村庄网站建设的样本。

2008年张传侠被推选为北京市顺义区首批238名大学生村官代表，参加了"北京市大学生村官宣讲团"。他认为，大学生村官在基层工作，面对最多的就是这些琐碎的"芝麻小事"，即使是"芝麻小事"，也要磨出"香油的醇香"来。

(3)当好宣传员：谋划旅游文化发展的新战略，提升特色村知名度

张晓东是北京市怀柔区慕田峪长城旅游区办事处慕田峪村党支部书记助理，曾担任中央民族大学关注"三农"协会执行会长的特殊经历使他很快融入到农村事业中。为了大力宣传慕田峪村的旅游业，他不仅办起了英语培训班，还通过和村民的交流，努力捕捉"新闻点"，撰写并发表了《小山村引来洋凤凰》、《西餐厅开到了村儿里》等多篇报道，为村旅游产业做宣传，提高了慕田峪村的知名度。

为了开发慕田峪村的旅游资源,张晓东提出办“国际文化村”的设想,从现有资源入手,搭建国际文化交流平台,通过深入挖掘文化内涵,全面提升民俗接待、果品采摘、小商品经营的档次,吸引众多中外游客来慕田峪村旅游度假。为此,他写出了一份1万多字的《慕田峪国际文化村建设项目分析》,涵盖了村庄规划、旅游开发、村民培训等方面内容。因为思路新颖、可操作性强,“国际文化村”项目得到了高度重视,慕田峪村也因此被确定为北京市新农村建设市级试点村。为了更好地进行慕田峪“国际文化村”建设,慕田峪村计划与美国霄本村结成国际姊妹村。凭借自己扎实的英语功底,张晓东主动担任起“国际姊妹村”共建项目协调小组秘书,圆满完成了“国际姊妹村”共建项目的前期准备工作。

(4)当好法制员:甘当“农民律师”,探索解决农村社会矛盾和纠纷的新机制

来自清华大学法学院的周倍良是北京市门头沟区永定镇坝房子村党支部书记助理。他有一个响亮的称号——“农民律师”。曾作为大学生村官代表,周倍良参加了团中央组织的优秀大学生农村创业巡回报告团,在全国进行巡回演讲。

当大学生村官一年多,周倍良帮村民打了三场官司,赢得了村民的信任。2006年9月,该村与一个私营企业就村里的一块土地闹矛盾,村里土地收不回来。周倍良建议用法律途径解决问题，并当上了诉讼代理人。经过他的努力，官司赢了，40多亩土地回到了村里，重新承包后地租涨了30多倍，增加收益50多万元。此后，周倍良又先后代理了村集体和村民之间的土地纠纷案和一位村民的相邻权关系纠纷案。三场官司，让越来越多的村民信服他。“有问题找周律师”成了村民的口头禅。与此同时，在村党支部的支持下，周倍良结合村里实际，办起了法律学习班。自2006年开办法律培训班以来，每个月组织村民学习两次，对村民进行普法教育，先后讲解了相邻权关系处理、违章建筑问题等多个专题。由于这些问题与村民们的生活息息相关，受到了村民们的一致好评。在此基础上，周倍良开始探索农村社会纠纷和矛盾解决的新机制，他已建立起法律咨询室、法制宣传窗和普法工作室，积极开展普法宣传活动。

广阔天地，大有作为。大学生毕业后选择去农村工作，是选择了有鲜花和掌声，又布满了荆棘和坎坷的道路，注定要经历理想和现实的多次碰撞。希望广大大学生村官不怕困难和挫折，走出一条成功之路。

参 考 文 献

1. 马俊哲,陈肖安.建设社会主义新农村100问.北京:中国农业大学出版社,2006.

2. 马俊哲,陈肖安.如何当好村官.北京:中国农业大学出版社,2006.

3. 马俊哲.农民健康文明生活读本.北京:中国农业大学出版社,2008.

4. 王东生,成昕,郭征.由点及面看"无公害食品行动计划".http://www.foodqs.com.

5. 王立军.京郊乡镇企业和农村二、三产业发展良好.http://www.aweb.com.cn.

6. 叶敬忠.农民视角的新农村建设.北京:社会科学文献出版社,2006.

7. 向波.丰都发展劳务经济富民兴县.http://www.cqnews.net.

8. 向再昌.村务公开的内容形式时间和基本程序.http://www.enshi.cn.

9. 农村专业经济协会.服务新农村建设的重要主体.http://www.zgny.com.cn.

10. 肖潘潘.我在这里的每一天都在成长.人民日报,2009-6-19.

11. 吴国生,傅柴武,徐晓军等.中国农村文化建设的现状分析与战略思考. 华中师范大学学报,2007(10).
12. 张凤桐. 农业部介绍循环农业促进行动. http://www.gov.cn.
13. 张晓山,李周.新农村建设研究报告.哈尔滨:黑龙江人民出版社,2007.
14. 张照新.我国农业支持政策调整的对策建议.http://www.ofcc.org.cn.
15. 孟春.中国农业保险试点模式研究.北京:中国财政经济出版社,2006.
16. 姜之茂.档案人员岗位培训教程.北京:中国档案出版社,2002.
17. 钱国宏. 走进乡村.农民日报,2008-06-14(7).
18. 徐勇. 城乡公关与礼仪.武汉:湖北科学技术出版社,2008.
19. 郭树银.归档文件整理工作指南.北京:中国大百科全书出版社,2001.
20. 黄俊.福建龙岩村村有特色家家增收入.一村一品网.2009-01-11.
21. 韩俊.政策解读:向农村注入更多金融血液.人民日报,2008-10-24.
22. 傅春.农民工返乡创业的类型、特点及扶持对策.光华时报,2009-04-08.
23. 楚国良.关于拓宽农村融资渠道的几点思考. http://www.21Gwy.com/2010-010-1.

24. 廖雄军. 会议组织规范与技巧. 南宁:广西人民出版社,2007.
25. 薛新全,闫乐. 大学生村官王伟东的历练与蜕变. 农民日报,2008-06-17(3).
26. 佚名. 江苏:为拓宽融资渠道,农村房屋抵押贷款正式“破冰”. http://news.financeun.com/2010-02-06.
27. 什么是农民专业合作社. http://www.zhidao.baidu.com.
28. 外出农民工返乡创业成为新农村建设的有效形式 http://www.gov.cn.
29. 有机食品鉴别. http://www.ofcc.org.cn.
30. 有机食品知识手册. http://www.shuangliu.gov.cn.
31. 有机食品、绿色食品、无公害食品的关系. http://www.21food.cn.
32. 朱高峰院士解读农村信息化的内容和途径. http://news.aweb.com.cn.
33. 阳光工程. http://www.nmpx.gov.cn.
34. 村务公开的内容. http://www.hhhtagri.gov.cn.
35. 村务公开内容及程序. http://www.china-holiday.com.

后 记

在建设社会主义新农村的热潮中，各地对鼓励、引导大学生到农村基层工作进行了大量有益的尝试与探索。在此基础上，中央决定从2008年开始，用5年时间选聘10万名高校毕业生到农村任职。为了配合中央有关部门做好这项工作，2008年初，农业部人事劳动司、科技教育司和农业部农民科技教育培训中心提出了编写《大学生村官实用指导》的设想，并责成北京农业职业学院教授马俊哲牵头拟订写作提纲。马俊哲在总结北京农业职业学院2005—2008年四期大学生村官任职培训的学员反映和经验体会后，于2008年4月中旬拿出了《大学生村官实用指导》的写作提纲（初稿），经有关部门审查后形成《大学生村官实用指导》的写作提纲（讨论稿）。2008年5月19日，农业部人事劳动司、科技教育司和农业部农民科技教育培训中心邀请中国人民大学农业与农村发展学院白南生教授、北京农学院李华教授、北京农业职业学院马俊哲教授和鄢毅平教授、北京市平谷区农业委员会主任助理徐成响以及北京市平谷区大兴庄镇白各庄村主任助理王振宇（2005年应聘大学生村官）、黄松峪乡梨树沟村书记助理黄志勋（2007年应聘大学生村官）、金海湖镇祖务村书记助理孟得淼（2007年应聘大学生村官）等对《大学生村官实用指导》的写作提纲（讨论稿）进行了座谈研讨，之后又书面征求了北京市怀柔区长哨营乡长哨营村书记助理张艳、平谷区黄松峪乡雕窝村书记助理任家霞、平谷区黄松峪乡黑豆峪村书记助理成波、延庆县张山营镇田宋营村主任助理尹凝瑶等几位大学生村官对《大学生村官实用指导》写作提纲(讨论稿)的意见。在广泛听取意见的基础上,明确了《大学生村官实用指导》的写作内容和文体风格,在报请农业部有关部门同意后即着手写作。具体写作过程中,三易其稿,多次修改,才形成了本书。

本书由马俊哲主编,周晖、王秀清为副主编;第一部分由马俊哲编写,第二、四部分由王秀清编写,第三、五部分由周晖编写,第六部分由李香允编写,第七部分由李连瑞编写,第八部分由李凌编写,任家霞、成波、黄志勋、尹凝瑶结合他们的大学生村官工作与体会承担了附录中部分内容的编写。全书由马俊哲、王秀清、周晖、李连瑞统稿,孙中华、张红宇、王正谱、李昌健、杨雄年、曾一春、刘永泉、魏旭、王青立、张景林、吕文林、李景涛、陈肖安、朱闻军进行了审稿,农业部部长韩长赋欣然为本书作序。在此,对其所付出的劳动一并表示诚挚的谢意!

在本书写作过程中,得到了农业部人事劳动司、科技教育司、农业部农民科技教育培训中心以及北京农业职业学院有关领导和同志的热情支持、指导和帮助,赢得了北京一批大学生村官的支持和鼓励,并参阅了大量有关的资料。在此,对其也表示衷心感谢!

由于作者水平所限,加上时间仓促,书中的错漏在所难免,恳请读者朋友不吝赐教,并希望不断完善和提高对其中有关问题的认识,共同促进大学生到农村基层工作这一伟业不断前进!

编 者

2010 年 7 月 30 日